プロフィシェンシーから見た

日本語教育文法

山内博之 著

ひつじ書房

はじめに

本書の目的は、プロフィシェンシーという概念を通して日本語文法を眺め、そのありようを記述することです。まず、本書ではプロフィシェンシーをどのようにとらえているのか、ということを述べます。

プロフィシェンシーとは、もともとは英語の「proficiency」のことです。「proficiency」を日本語に訳すと「熟達」になります。ただし、英語の「proficiency」という言葉には、様々な技能に関する熟達というような、かなり広い意味がありますが、本書では、プロフィシェンシーを外国語教育の枠内で論じます。そこで、外国語教育における「プロフィシェンシー」を、「言語活動の遂行に関する熟達」及び「言語活動遂行能力」であると定義したいと思います。なお、ここで言う「言語活動」とは、言うまでもなく「学習者の目標言語による言語活動」のことであって、「学習者の母語による言語活動」のことではありません。しかし、いちいち「学習者の目標言語による言語活動」と書くのはちょっと面倒なので、「学習者の目標言語による」は省略して、単に「言語活動」とのみ書くことにします。次の(1)が、本書におけるプロフィシェンシーの定義です。

(1)　「プロフィシェンシー」の定義：①言語活動の遂行に関する熟達
②言語活動遂行能力

①の定義は、もともとの英語の「proficiency」の意味とほぼ同様のものです。ただ、外国語教育という枠の中で限定的に「proficiency」をとらえたいので、単なる「熟達」ではなく、「言語活動の遂行に関する」という修飾語を付けて「言語活動の遂行に関する熟達」としました。

そして、①の定義を「言語活動の遂行に関する熟達の度合い」というように解釈すると、「言語活動の遂行に関する能力」という意味に近くなってきます。それが、②の定義である「言語活動遂行能力」です。

①が基本義で、②が派生義というような感じなのですが、現在の日本語教育において、プロフィシェンシーという言葉は、だいたい、この2つのうちのどちらかの意味で用いられているのではないかと思います。「プロフィシェンシーとアチーブメントは対になる概念だ」などと言う時は①で、「学習者のプロフィシェンシーを測定する」などと言う時は②です。

また、このプロフィシェンシーという概念は、第1章で詳しく述べるOPI(Oral Proficiency Interview)という口頭能力テストと密接な関わりがあります。OPIは、まさに外国語学習者のプロフィシェンシーを測定するためのもの、つまり、外国語学習者の言語活動遂行能力を測定するためのものです。ただし、OPIでは、言語活動という言葉ではなくタスクという言葉を使っていますので、言語活動遂行能力をOPI式に言えば、タスク遂行能力ということになります。

プロフィシェンシーとは、先ほどの①②のいずれの定義の場合でも、人に帰属するものです。①なら「熟達」、②なら「能力」を表すわけですから、どちらも、ある個人が有しているものだということです。OPIも、ある個人の「熟達の度合い」なり「能力」なりを評価するものです。しかし、OPIには、ある個人の「熟達の度合い」や「能力」を測定するためのガイドラインがあり、そこには言語活動自体の難易度が記述されています。たとえば、「家族構成を簡単に話す」という言語活動は中級レベルのものであり、「映画のストーリーを話す」という言語活動は上級レベル、「防衛費削減の是非について意見を述べる」という言語活動は超級レベルのものである、というような具合です。

このように考えると、OPIというのは、かなり便利なものですね。OPIを利用することによって、ある個人が有する言語活動遂行能力を測定することもできるし、かつ、ある言語活動の難易度も知ることもできるのです。OPIの利点をまとめたものが、次の(2)です。

(2)　OPIの利点：①ある個人の言語活動遂行能力を測定することができる。
　　　　　　　　②ある言語活動の難易度を知ることができる。

さて、本書は、以下の3部から成っています。

(3)　第1部「難易度を考慮した文法」
　　第2部「言語活動から見た文法」
　　第3部「理解のための文法」

第1部「難易度を考慮した文法」の執筆に際しては、(2)で挙げたOPIの利点①を利用し、第2部「言語活動から見た文法」の執筆に際しては、利点②を利用しました。そして、第3部「理解のための文法」は、OPIとは異なる視点で執筆しました。

第1部では、既存の文法項目の難易度付けを試みました。文法項目の難易度を測定するというようなことは、日本語学の研究においては、私が知るかぎりでは行なわれていません。ですから、日本語学の研究成果を借用してくるということはできないわけです。

文法項目だけをいくら眺めていても、それが初級の文法項目なのか、中級の文法項目なのか、上級の文法項目なのか、ということはわかりません。しかし、日本語学習者の言語活動遂行能力(プロフィシェンシー)を測定できるのであれば、初級レベルの言語活動遂行能力を持つ学習者が使用している文法項目は何であるのか、中級レベルではどうなのか、さらに、上級レベルではどうなのか、ということを調べていけば、個々の文法項目に難易度付けを行なうことが可能になるのではないかと思います。

たとえば、「あの(連体詞)」という文法項目を眺めて、それがどの程度の難易度なのかを考えても、なかなか答えは出ません。しかし、どのぐらいのレベルの言語活動遂行能力を持つ学習者なら「あの(連体詞)」が使用できるのか、ということを調べていけば、「あの(連体詞)」の難易度が、おおまかにはつかめるのではないかと思います。つまり、文法項目の難易度そのものをダイレクトに測定しようとしてもそれは無理なのだが、学習者のプロフィシェンシーを切り口にすれば、文法項目の難易度に関する記述が可能になるのではないか、ということです。

第1部では、以上のような方法で、既存の文法項目の難易度付けを行なったのですが、続く第2部では、新しい文法項目の発掘を行ないました。「文法項目」といっても、日本語学的な意味での文法項目ではなく、日本語教育的な意味での文法項目です。既存の文法項目、つまり、日本語学的な意味での文法項目だけでは、日本語教育の現場においては、どうも不十分であるような気がするのです。では、どのようにして新しい文法項目を見つけるのか、ということになるのですが、ここでは、OPIのガイドラインを利用して言語活動の難易度付けを行ない、その言語活動を行なう際にどのような表現が必要になるのか、ということを考えてみました。

たとえば、「知人から借りたCDをなくしてしまい、謝ろうと思っていたところに、その知人から電話がかかってきて、CDのことを聞かれた」というような状況で言語活動を行なう場合には、最初に「私もちょうど電話しようと思っていたところなんですけど。」などと言えると、その後の展開が、かなり楽になるのではないかと思います。つまり、「相手に先を越されてしまった時に、自分もそのことに気づいていたことを、言い訳的に述べる」という言語活動を行なう場合には、「(　　)ようと思っていたところなんです。」という表現を使うと効果的だということです。

「(　　)ようと思っていたところなんです。」というのは、文法項目であるとは言いにくいかもしれませんが、「相手に先を越されてしまった時に、自分もそのことに気づいていたことを、言い訳的に述べる」という言語活動を行なう場合には、かなり普遍的に使用できるものであり、ある程度、生産性の高いものだと思います。文法項目と呼ぶかどうかはともかくとしても、このような項目を難易度別にたくさん収集していくことは、日本語教育にとっては非常に意味のあることだろうと思います。

最後の第3部では、論点を絞ることができず、記述がやや散文的になってしまいましたが、「理解のための文法」について書きました。プロフィシェンシーから文法を眺める、という本研究の出発点はOPIでした。私自身がOPIテスターだったということもあり、OPIとの関わりで文法について述べているうちは、まだ自分のホームグラウンドにいるような気分だったのですが、「理解のための文法」となると、口頭能力テストであるOPIの守備範囲からは外れてしまいます。しかし、OPIから一歩踏み出し、「理解文法のシラバス」や「聴解教育」「読解教育のガイドライン」などについて書いてみようと思いました。それが、第3部の内容です。

OPIと文法の関係について考えるきっかけとなったのは、私のOPIの恩師である牧野成一先生(プリンストン大学)のお言葉でした。10年ぐらい前のことだったと思いますが、2人でOPIの話をしている時に、牧野先生が「山内さん、『まあ』という語を使うことができていたら、その被験者は『上級―中』以上です！」と、非常に断言的におっしゃいました。それを聞いた時は「ホンマかいな？」と思っただけで、つきつめて考えることはしなかったのですが、しかし、それから何年か経って突然思い立ち、OPIデータの形態素解析に取り組みました。すると、牧野先生の予言(?)どおり、「まあ」を使用している被験者は、まさに「上級―中」以上だったのです。その時から、プロフィシェンシーという概念を通して文法を見直していくことに熱中するようになりました。この場をお借りして、牧野先生にお礼を申し上げたいと思います。

また、大阪府立大学の野田尚史先生にも、お礼を申し上げたいと思います。野田先生が編集をなさった『コミュニケーションのための日本語教育文法』(くろしお出版)という本があるのですが、幸いなことに、私も執筆メンバーに加えていただくことができました。同書の中の拙論「話すための日本語教育文法」が、本書の原形となっているのですが、その執筆の過程で、野田先生を始めとする執筆メンバーのみなさまから、非常に貴重なご意見を頂戴しました。本当に、どうもありがとうございました。

なお、本書は、アルクから発行されている『月刊日本語』の2004年4月号から2005年8月号にかけての連載記事「OPIで文法を見直す」に大幅な加筆・修正をして、まとめたものです。(ただし、第1章は、この連載記事ではなく、2005年11月号の「OPI超入門」を基にして書きました。)最初はまったく自信がなく、気の進まない連載だったのですが、「大丈夫だから」と強引に(?)執筆を勧めてくださったアルク『月刊日本語』編集部のみなさまに、この場を借りて、お礼を申し上げたいと思います。

そして最後に、プロフィシェンシーを通して文法を眺めるという新しい試みを、書物という形にまとめる機会を与えてくださったひつじ書房の松本功房主に、深甚なる感謝の意を表したいと思います。

ところで、「日本語教育文法」とは、本当に存在するものなのでしょうか。日本語教育文法は、日本語学的な文法と日本語教育現場の“橋渡し”をするものだ、という考え方があります。一方、単なる“橋渡し”ではなく、独自の体系を持ち得るものだ、という考え方もあるだろうと思います。どちらの考え方が正しいのか、正直なところ、私にはまだよくわかりません。ただ、仮に日本語教育文法が何らかの体系を持つものだとしても、日本語学的な文法と対立するものではなく、それを、もう少し別の視点からとらえ直したものなのだろうと思います。私が考えているのは、次のような図式です。なお、この図は、山内編(2008)『日本語教育スタンダード試案　語彙』の「はじめに」から引用したものです。

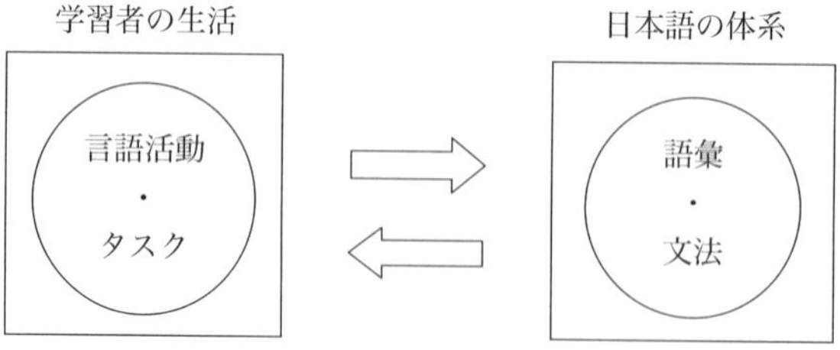

図1.「言語活動・タスク」と「語彙・文法」の融合

日本語教育の目的は、学習者の「言語活動遂行能力・タスク遂行能力」を向上させることだと思います。それによって、学習者の言語生活が豊かになるはずです。「言語活動遂行能力・タスク遂行能力」とはプロフィシェンシーのことであり、学習者のプロフィシェンシーのレベルは、OPI的に言えば、「初級—下」から「超級」まで、序列をつけることができます。では、言語活動やタスクの遂行を支える文法や語彙には、「言語活動・タスク」の難易度やプロフィシェンシーの序列に呼応するような形での、何らかの体系が存在するのでしょうか。

「文法を直接眺めるのではなく、言語活動・タスクを通して眺めている分、精密さには欠けるかもしれないが、何かルールがありそうだ」というのが、本書を書き終えた時点での私の意見です。

もともとはOPIから始まったこの研究ですが、OPIの中心はプロフィシェンシーであり、プロフィシェンシーという考え方は、日本語教育の様々な面で活用できるのではないかと思います。本書の出版が、プロフィシェンシーが日本語教育に浸透していくための一助となれば幸いです。

平成21年3月　山内 博之

目　次

第1部 難易度を考慮した文法

最初は簡単なことを教え、そして、少しずつ難しいことへと進んでいく。それが日本語教育の基本です。文法も、最初は簡単なものから教え、少しずつ難しいものへと移行していくのが望ましいだろうと思います。では、いろいろな文法項目・文法形式の中で、どれが簡単で、どれが難しいのでしょうか。文法研究の本家本元である日本語学では、残念ながら、その答えを準備してくれていません。えっ、それは困ったことになったって？　そんなことを言わずに、一緒に考えてみましょうよ。第１部では、文法項目・文法形式の難易度について考えていきます。

第 1 章　OPI とは何か

プロフィシェンシーの本家本元は、何と言っても OPI です。次章以降では、OPI を文字化したデータを分析しながら文法について考えていきますので、本章では、まず、その準備として OPI についての説明をします。タスクの内容を考えながら読み進んでいってください。

《タスク 1》

あなたの最も得意な外国語は何ですか。また、その外国語の能力は、「初級」「中級」「上級」のどれに当たると思いますか。どうして、そのレベルに当たると考えたのか、理由も教えてください。

日本人なら、英語が一番得意だ、という人が多いだろうと思いますが、では、そのレベルは「初級」「中級」「上級」のどれなのでしょうか。

その答えを出すためのものが、OPI です。OPI は、「Oral Proficiency Interview」の略語で、ACTFL(American Council on the Teaching of Foreign Languages：米国外国語教育協会)によって開発された、外国語の発話能力を測定するためのテストのことです。OPI は、テスターと受験者が一対一で向かい合って行なうインタビューで、時間は最長で 30 分です。受験者の能力が非常に低い時には 5 分以内で終わることもありますが、受験者の能力が非常に高い時には、30 分近くかかります。

30 分以内のインタビューを行なうことによって、受験者の話す能力のレベルを、まずは「初級」「中級」「上級」「超級」という 4 レベルに分け、さらに、「初級」を「初級—下」「初級—中」「初級—上」、「中級」を「中級—下」「中級—中」「中級—上」、「上級」を「上級—下」「上級—中」「上級—上」というように、下位分類していきます。つまり、OPI には、「初級—下」から「超級」まで合計 10 のレベルがあるということです。

では、ここで、みなさんの英語の発話能力を測定してみたいと思います。

今、みなさんがロンドンを旅行していると仮定してください。そして、ロンドンで、次の(1)～(12)のことをしなければならなくなったとします。(1)～(12)の中で、みなさんが英語でできると思うものに○、できないと思うものに×を付けてみてください。英語以外の言語の能力を測定したい人は、もちろん、英語でなくてもかまいません。中国語の能力を測定したい人は、北京に行ったと仮定してください。韓国語の能力を測定したい人は、ソウルに行ったと仮定してください。では、始めてください！

(1)　旅先で出会ったイギリス人に、簡単に自己紹介をする。
(2)　レストランに入って食べたいものを注文する。
(3)　土産物屋に入って買い物をする。
(4)　電話でホテルの予約をする。
(5)　注文したスパゲティに髪の毛が入っているので、支配人を呼んで苦情を言う。
(6)　ホテルの隣室のイギリス人がうるさいので、静かにしてくれるよう頼む。
(7)　交通事故を目撃してしまったので、警察に電話し、事故の状況を説明する。
(8)　下痢と腹痛がひどいので、病院に行って病状を説明する。
(9)　同行の友人がスパイ容疑で逮捕されたので、裁判所で友人の無罪を主張する。
(10)　突然の会社からの命令により、取引先の会社と製品の納入期限延期の交渉をする。
(11)　日本人排斥運動によって怪我を負わされたため、ロンドン市長に抗議を申し入れる。
(12)　ウエストミンスター寺院を見学している時に、生放送中のBBCのキャスターにたまたま出くわし、イギリス国王の戴冠式のあり方について意見を聞かれたので、テレビカメラの前で意見を述べる。

では、結果を発表します。

(1)～(12)のすべてが○	⇒　超級!!!
(1)～(8)のすべてが○で(9)～(12)のどれかが×	⇒　上級!!
(1)～(4)のすべてが○で(5)～(8)のどれかが×	⇒　中級！
(1)～(4)のどれかが×	⇒　初級…

みなさんの英語力、あるいは、中国語力、韓国語力はいかがでしたか。また、その判定結果は納得のいくものだったでしょうか。ここでは、実際にOPIを行なったわけではないのですが、この「超級」「上級」「中級」「初級」という判定結果は、原理的には、実際にOPIを行なった場合と同じものになるはずです。つまり、先ほどの(1)～(12)の項目は、(1)～(4)、(5)～(8)、(9)～(12)という順で難易度が上がっており、それが、だいたいOPIの評価基準に基づいたものになっているということです。

《タスク2》

先ほどの(1)～(12)の項目の難易度の差から、OPIの評価基準がどのようなものなのか、考えてみてください。

もう一度、(1)～(12)の項目を見てください。この11項目の中では、(1)～(4)は、わりと簡単だと思いませんか。このぐらいなら、私の英語力でも何とかなるような気がします。そもそも、この(1)～(4)ぐらいなら、それほど多くのことを話さなくても、大丈夫ですよね。まとめてたくさん話すのではなく、「ぽつりぽつりと1文ずつ話す」という程度で、だいたい用が足りるのではないかと思います。

(1)～(4)と比べると、(5)～(8)はかなり難しいのではないかと思います。私の英語力では、完全にお手上げです。(1)～(4)と(5)～(8)は、どう違うのでしょうか。(1)～(4)は、旅先でのごく日常的な事柄です。一方、(5)～(8)は、「旅先での日常的な事柄」というよりは、「旅先でのハプニング」と言った方がふさわしいのではないかと思います。ハプニングに対処するためには、往々にして何かを「説明する」ことが必要になりますよね。つまり、ある程度長く話さなければいけないということです。だから、(1)～(4)より難しいのです。

最後の４つ、(9)～(12)はさらに難易度が高くなります。(9)～(12)は、ハプニングどころではなく、普通では、まず起こり得ないようなことです。旅行というのは、普通はごく個人的なものであるはずなのに、起こり得ないようなことが起こってしまったために、公の場に引っ張り出されて一席ぶたなければならなくなった…というような感じでしょうか。「一席ぶつ」ということは、単に何かを「説明する」だけではダメです。何かを「説明する」のではなく、自分の「意見を述べる」ことによって、聞いている人たちに「なるほど！」と思わせる必要があります。

以上のことをまとめてみます。

(1)～(4)の項目：日常的な出来事に対処する　←　ぽつりぽつりと１文ずつ話す
(5)～(8)の項目：ハプニングに対処する　←　何かを説明する
(9)～(12)の項目：公の場で一席ぶつ　←　自分の意見を述べる

公の場で一席ぶつことができる、つまり、「自分の意見を述べる」という高度なことができる人は超級です。ハプニングに対処できる、つまり、「何かを説明する」ことができる人は上級です。日常的な出来事に対処できる、つまり「ぽつりぽつりと１文ずつ話す」ことができる人は中級です。そして、「ぽつりぽつりと１文ずつ話す」こともできない人が初級です。

OPI では、このように、「何ができるか」によって能力の判定を行ないます。大学入試の英語などでは、たとえば、「look forward to ～ ing」や「no matter what ～」などの熟語を知っているか否かという試験をしたりしますが、OPI では、そのようなことは一切しません。OPI は、言語に関する「知識を問う」試験ではなく、言語を使って「今ここで何ができるか」を調べる、非常に実践的な試験なのです。

ただし、もちろん、OPI では、英語能力を測るために、わざわざロンドンに行くというようなことはしません。テスターが、その場でいろいろな質問をしたり、ロールプレイを行なわせたりすることによって、「ぽつりぽつりと１文ずつ話す」「何かを説明する」「自分の意見を述べる」ということができるかどうかを確かめていきます。

《タスク 3》

OPI のような会話テストを行なう場合、受験者に、「ぽつりぽつりと１文ずつ話す」ような簡単なことから行なわせるのがいいのか、それとも、「自分の意見を述べる」ような難しいことから行なわせるのがいいのか、どちらだと思いますか。

本当のところ、どちらがいいのかはよくわかりませんが、OPI では、簡単なことから先に行なわせていくということになっています。具体的には、まず「ぽつりぽつりと１文ずつ話す」というタスクを受験者に課します。具体的には、たとえば、趣味や家族や住んでいるところについて簡単に話す、というようなことをさせるわけです。

そして、受験者が「ぽつりぽつりと１文ずつ話す」ことができたら、つまり、中級以上であることがわかったら、次は「何かを説明する」というタスクを課します。具体的には、たとえば、得意な料理の作り方の説明や、最近見た映画のストーリーの説明をさせます。

そして、受験者が「何かを説明する」ことができたら、つまり、上級以上であることがわかったら、次は「自分の意見を述べる」というタスクを課します。具体的には、たとえば、環境問題や教育問題など、社会的・専門的な話題について意見を述べる、ということをさせます。そして、この課題もクリアできれば、見事、超級です。

OPI では、このように、簡単な質問から始めて、それをクリアするごとに質問を難しくしていくという方法で、受験者の能力を測定します。

なお、本書の目的は、OPI そのものについての解説をすることではありませんので、OPIそのものについては、これ以上詳しくは述べません。OPIについて、さらに詳しく知りたい方は、以下の文献を参照してください。

鎌田修(1990)「Proficiencyのための日本語教育―アメリカにおける「上級」の指導―」『日本語教育』71号、日本語教育学会

鎌田修(1994)「日本語教育における中間文法(11) OPI：会話能力の測定と習得」『言語』23巻3号、大修館書店

鎌田修(2000)「OPI」『日本語教授法ワークショップ(増補版)』凡人社

鎌田修(2005)「OPI(口頭能力評価)」社団法人日本語教育学会(編)『新版日本語教育事典』大修館書店

鎌田修(2006)「KYコーパスと日本語教育研究」『日本語教育』130号、日本語教育学会

牧野成一(1987)「ACTFL言語能力基準とアメリカにおける日本語教育」『日本語教育』61号、日本語教育学会

牧野成一(1991)「ACTFLの外国語能力基準およびそれに基づく会話能力テストの理念と問題」『世界の日本語教育』1号、国際交流基金日本語国際センター

牧野成一・鎌田修・山内博之・齊藤眞理子・荻原稚佳子・伊藤とく美・池﨑美代子・中島和子(2001)『ACTFL–OPI入門―日本語学習者の「話す力」を客観的に測る―』アルク

山内博之(2005c)『OPIの考え方に基づいた日本語教授法―話す能力を高めるために―』ひつじ書房

Swender, Elvira. (ed.)(1999) *ACTFL Oral Proficiency Interview Tester Training Manual.* Yonkers, NY: ACTFL.(日本語翻訳版『ACTFL―OPI試験官養成用マニュアル』は、アルクに連絡すれば入手することができます。)

第２章　使用された語から日本語能力を推測する

OPIとは、学習者の日本語のプロフィシェンシーを測定することができるものです。この章では、「茶筌（ちゃせん）」という形態素解析ソフトを使ってOPIデータを分析し、OPIの判定と文法とは関係があるのだということ、つまり、プロフィシェンシーと文法とは関係があるのだということを示します。

《タスク 1》

OPIのレベル判定は難しいものです。では、どうすれば、誰でも簡単に、OPIのレベル判定ができるようになるのでしょうか。その方法を考えてみてください。

OPIテスターを養成するためのワークショップが日本で最初に行なわれたのは、1990年の３月です。それ以来、毎年２～４回、東京や京都などでワークショップが開かれ、テスターを目指す卵たちが、毎回８～10名ぐらいずつ受講しています。ワークショップは４日間です。朝９時半から夕方６時まで、みっちり行なわれます。しかも、トレーナー(テスターのトレーニングを担当する先生)が講義を行なうのは、１日に長くて２時間ぐらい。あとは、ひたすら、受講生のみなさんが、外国人の被験者を相手にインタビューの練習をします。

４日間のワークショップが無事終わると、次はインタビューテープの提出です。受講生が自ら被験者を探してOPIをし、それを録音したテープをトレーナーに提出します。提出するインタビューテープは８本のみですが、指定されたレベルのインタビューテープを提出しなければならないし、また、最初は失敗することも多いので、だいたい、数十人の被験者にOPIをすることになります。提出されたインタビューテープをトレーナーが聞き、コメントを書いて受講生たちにフィードバックします。これで、練習ラウンドが終了。次が認定ラウンドです。

認定ラウンドのテープ提出も８本です。これらをトレーナーが聞いて、①判定の確かさ、②インタビューの構成、③インタビューの方法、のそれぞれを３点満点で評価し、合計が８点以上なら合格。晴れてOPIテスターになれるというわけです。ワークショップ参加の申し込みをしてからOPIテスターの資格を手にするまでには、だいたい１年ぐらいかかります。

いかがでしょうか、OPIテスターになるのって、かなり大変なことですよね。しかし、テスターになってからも、さらに修行は続きます。関東には「日本語OPI研究会」(http://opi.jp/)、関西には「関西OPI研究会」(http://proficiency.jp/kansaiopi/)、他にも「九州OPI研究会」(http://www.kyushu-opi.com/frame/framepage.html)、「韓国OPI研究会」(http://opik.da-te.jp/)、「欧州日本語OPI研究会」などがあり、OPIテスターは、ほとんどどこかの研究会に所属しています。これらの研究会では、毎回、OPIのインタビューテープを聞き、メンバー全員でレベル判定の練習をしています。つまり、テスターの資格を取得してからも、自分のレベル判定の結果が他のテスターと一致するよう、たゆまぬ努力をしているということです。

OPIテスターになるための努力や、レベル判定の練習は、いい日本語教師になるためのトレーニングにもなり得るものです。だから、決して無駄にはなりません。しかし、その一方で、いくら何でも大変過ぎないか、とも思うのです。こんなに苦労することなく、もっと楽にレベル判定ができるようにはならないのでしょうか。

ところで、示準化石という言葉をご存じですか。確か中学か高校の理科の授業で習いましたよね。示準化石とは、もしその化石が見つかれば、その地層がいつの時代のものかが自動的にわかるという、非常に便利な化石のことです。示準化石の代表格は、アンモナイトです。アンモナイトは、デボン紀に爆発的に個体数が増え、そして、白亜紀には完全に絶滅した貝類の一種です。個体数が非常に多く、かつ、生息時期が非常に限られていたため、もしアンモナイトの化石が見つかれば、その地層がデボン紀〜白亜紀のものだ、ということが確定するのです。

私が今、血眼になって(?)探しているのが、OPIにおけるアンモナイトです。アンモナイトの化石が見つかれば、その地層がデボン紀〜白亜紀のものだということがわかるわけですよね。それと同じように、ある形態素が発話されれば、それを発話した話者のOPIのレベルが自動的にわかる。そんな便利な形態素はないものでしょうか。私は、そんな形態素を「アンモナイト形態素」と名づけることにしました。

では、実際に、アンモナイト形態素を探してみることにしましょう。

《タスク2》

この形態素が発話されれば絶対に中級以上だ！　ということがわかる、アンモナイトのような形態素は、本当にあるのでしょうか。もしあるとすれば、どんな形態素なのでしょうか。

アンモナイトの特徴は、デボン紀になって、突然、大量に出現したということです。シーラカンスのように、長い期間、細々と生存しているようなものではダメで、「突然、大量に出現する」ということが非常に重要なのです。そうでなければ、その化石が出現した地層の地質年代を特定することはできません。

これを、OPIのレベル判定に照らして考えると、たとえば、初級話者が使用することはないのだが、中級話者なら全員が例外なく使用する、というような形態素があればいいということです。そんな形態素が、もしあるのなら、その形態素を発した日本語学習者の能力は、間違いなく「中級以上である」と言えます。

さて、私は、そんな形態素を探すために、「茶筌」というソフトを使って、OPIデータの分析を行ないました。分析に使ったのは、初級話者15人、中級話者14人、上級話者12人、超級話者15人のOPIの文字化データです。ちなみに、これらは、「KYコーパス」というOPIの文字化データを収録したコーパスから抽出したものです。ここでは、KYコーパスのversion1.1を使用しました。(KYコーパスについては、章末に説明がありますので、興味のある方はご参照ください。)

KYコーパスversion1.1から抽出した、これら計56人の被験者たちのすべての発話を茶筌にかけて形態素解析を行ない、その結果をエクセルを使って集計しました。つまり、茶筌とエクセルを使って、56人のすべての発話の中に、どのような形態素がいくつあるのか、ということを数えたわけです。(「茶筌」とは、奈良先端科学技術大学院大学の松本研究室で開発された形態素解析システムのことです。使用希望者は、松本研究室のホームページから、無償でダウンロードすることができます。)

次の表をご覧ください。次の表は、上記の分析結果を眺め、その中から、中級になると「突然、大量に出現する」形態素を集め、その出現数をレベル別に示したものです。

表1. 中級のアンモナイト形態素

形態素	品詞	初級	中級	上級	超級
あの	連体詞	6	478	498	566
あのー	フィラー	8	471	120	423
けど	接続助詞	0	141	237	352

この表を見ると、連体詞の「あの」は、初級話者15人を合わせても6回しか発話されていないのに、中級話者14人によって、計478回も発話されていることがわかります。フィラーの「あのー」も、初級話者15人を合わせても、8回しか発話されていないのに、中級話者14人によって、計471回も発話されています。接続助詞の「けど」にも、同様の傾向が見られます。連体詞の「あの」、フィラーの「あのー」、接続助詞の「けど」は、初級ではほとんど現れないのに、中級になると「突然、大量に出現する」のです。まさに、デボン紀になって突然大量に出現したアンモナイトみたいですよね。

連体詞の「あの」、フィラーの「あのー」、接続助詞の「けど」の3つは、中級のアンモナイト形態素だと考えていいのではないかと思います。つまり、これら3つの形態素を何回か発することができた被験者は、他の部分の発話をまったく聞くことなく「中級以上だ！」と判定してもいいということです。こうなると、OPIのレベル判定のトレーニングはほとんど必要がなくなりますよね。日本語のレベルを判定したいと思う外国人がいたら、その外国人と適当に会話をしてみてください。そして、「あの」「あのー」「けど」の3つの形態素のみに注目し、この3つが何回か発話されたことが確認できれば、それだけで「中級以上だ！」と判定できるのです。

次の表2を見てください。次の表は、先ほどと同じ方法で、上級のアンモナイト形態素の存在を探ったものです。

表2. 上級のアンモナイト形態素

形態素	品詞	初級	中級	上級	超級
だ	助動詞	5	0	86	177
よ	終助詞	3	25	113	216
から	接続助詞	28	84	179	200

初級、中級ではほとんど出現せず、上級になると「突然、大量に出現する」という形態素の存在を探ってみました。中級ほどきれいには現れなかったのですが、最もアンモナイト形態素らしいものを3つ挙げると、助動詞の「だ」、終助詞の「よ」、接続助詞の「から」ということになりました。

最初にこの表を見た時には、どうして助動詞の「だ」が現れるのか、まったくわからなかったのですが、「だ」が使われている実際の例を1つずつ見ていくと、「男の子が、あーこのこの女の子好きだと考えて」「大阪の人はたいへん親切だし、物価はちょっと高いんですけど、便利、交通も便利だし、はい、そんなに寒くないだし、私ここが好きです」などというように、主に複文の中で使われているものだということがわかりました。

また、「よ」については、「私、あんまり嫌いなものはねえ、ないんですよ、ですから何でもいただきますけど」や「うん、見えますよ、それで、あのう、もちろん結婚もしてますね」などのように、段落の中に現れて、文と文のつながりをスムーズにするような働き、つまり、発話に結束性を持たせるような働きをしているものが多いということがわかりました。

次の表3は、同様の方法で、超級のアンモナイト形態素を集めたものです。超級は、かなりきれいな形でアンモナイト形態素が現れたと思います。

表 3. 超級のアンモナイト形態素

形態素	品詞	初級	中級	上級	超級
こう	フィラー	1	2	1	173
けれども	接続助詞	0	1	8	104
っていう	複合助詞	1	2	10	164

ここに、ある1人の外国人がいたとします。その人に、たとえば社会情勢などに関する、やや専門的な議論を吹っかけて、その人がどんな意見を言っているのかはまったく気にせず、ただ、「こう」「けれども」「っていう」の3つの形態素のみに注目し、これらが何回か出現するようであれば、「超級である！」と判断すればいいわけです。こんなに簡単にレベルの判定ができてしまうのであれば、本当に楽ですよね。

以上の分析結果は、プロフィシェンシーと文法とが分かちがたく結びついている、ということを示しているのではないかと思います。このことは、直接的には、OPIのレベル判定の簡易化の可能性、たとえば、人間が関与することなくコンピュータで自動的にレベル判定ができるようになるというような可能性を示していますが、それと同時に、プロフィシェンシーという概念によって文法体系を再構築できるという可能性をも示しているのではないでしょうか。

《タスク3》

ある特定の形態素の出現によってOPIのレベルを判断するという考え方に、何か盲点はないでしょうか。考えてみてください。

アンモナイト形態素の出現によってレベル判定を行なうという考え方には、実は、大きな問題があります。たとえば、「こう」「けれども」「っていう」を何回か発話した被験者を超級だと判定するということは、先ほどの表3を見る限りにおいては正しいことであるように思えます。しかし、問題は、「こう」「けれども」「っていう」を発話しない超級話者もいるだろうということです。もし、そのような超級話者がいたとすると、本当は超級であるにもかかわらず、超級でないという判定をくだしてしまうことになります。つまり、「こう」「けれども」「っていう」というアンモナイト形態素の個体数が十分に多いとは言えないため、超級という地層であるにもかかわらず、場所によっては、それらをまったく含んでいないことがあり得る、ということです。

また、そのようなこととはまったく違う、もっと根本的な問題もあります。それは、被験者の母語による文法習得の違いの問題です。

次の表４を見てください。表４は、被験者別に「あの(連体詞)」「あのー(フィラー)」「て(接続助詞)」「を(格助詞)」の出現数を見たものです。使用データは、《タスク２》の表１〜表３と同じです(KY コーパス version1.1 の中から抽出したデータです)。

表４を見ると、多少の個人差はあるものの、中国語母語話者と英語母語話

表 4.　被験者別の出現数

	あの(連体詞)	あのー(フィラー)	て(接続助詞)	を(格助詞)
中国語母語話者 A	8	31	24	8
中国語母語話者 B	60	16	19	1
中国語母語話者 C	11	27	28	7
中国語母語話者 D	36	25	42	28
英語母語話者 E	29	87	18	19
英語母語話者 F	74	127	49	9
英語母語話者 G	9	46	9	5
英語母語話者 H	201	106	26	37
韓国語母語話者 I	1	0	65	31
韓国語母語話者 J	0	0	45	33
韓国語母語話者 K	0	1	69	61
韓国語母語話者 L	2	0	58	41
韓国語母語話者 M	46	5	71	30
韓国語母語話者 N	1	0	29	20
合計	478	471	552	330

者との間には共通する性質が見られることがわかります。「あの(連体詞)」と「あのー(フィラー)」は、中国語母語話者と英語母語話者に関してはかなり安定して出現していますが、韓国語母語話者の発話の中にはほとんど見られません。先ほど見た表1によれば、「あの(連体詞)」と「あのー(フィラー)」は中級のアンモナイト形態素、つまり、それらが安定して発話されていたら「中級以上である」ということがわかる形態素のはずでした。しかし、表4によると、韓国語母語話者は「あの(連体詞)」と「あのー(フィラー)」をほとんど使用していません。だから、「あの(連体詞)」と「あのー(フィラー)」の出現によって中級であるか否かを決めると、間違った判定をしてしまうことになります。どうやら、韓国語母語話者は「あの(連体詞)」と「あのー(フィラー)」をほとんど使用せずに中級になっているようです。

一方、「て(接続助詞)」と「を(格助詞)」の使用は、中国語母語話者と英語母語話者よりも、韓国語母語話者に安定して見られるようです。中国語母語話者と英語母語話者のデータを一緒にして、1人当たりの使用数の平均値を計算し、韓国語母語話者と比較したものが、次の表5です。

表5. 母語別の出現数

	あの(連体詞)	あの(ー) (フィラー)	て(接続助詞)	を(格助詞)
中国語母語話者・ 英語母語話者	53.5	58.1	26.9	14.3
韓国語母語話者	8.3	1.0	56.1	36.0

表5を見ると、「あの(連体詞)」「あのー(フィラー)」の使用は、中国語母語話者と英語母語話者に相対的に多く、一方、「て(接続助詞)」「を(格助詞)」の使用は、韓国語母語話者に相対的に多いことが一目でわかりますよね。

ところで、このような母語による差は、一体何を意味しているのでしょうか。まず、「あのー(フィラー)」は、対話者との言葉のやりとりのスムーズさを示すものだと考えられます。「あの(連体詞)」は、中級レベルの話者においては、非常に誤用の多いものですが、対話者が発した名詞を指し示すような文脈指示的な使われ方をしているのであれば、これも、対話者との言葉のやりとりのスムーズさを示すものだと言えるかもしれません(ちょっと強引な解釈ではありますが)。一方、「て(接続助詞)」と「を(格助詞)」は、文構造がしっかりしていることを示すものだと考えられます。「あのー(フィラー)」と「あの(連体詞)」の現れ方が極端に少ないということは、韓国語母語話者は、対話者との言葉のやりとりがあまりスムーズではないのではないのかもしれません。しかし、「て(接続助詞)」と「を(格助詞)」の出現が多いということは、発話される文の構造がしっかりしていることを示しているのではないかと考えられます。

つまり、中国語母語話者と英語母語話者は、日本人との話に慣れ、対話者との文のやりとりがスムーズにできるようになったから、「中級である」と判定されたのではないでしょうか。一方、韓国語母語話者は、対話者とのやりとりはスムーズにはできないが、文構造が非常にしっかりしているから、「中級である」と判定されたのではないでしょうか。韓国語母語話者は、統語構造等が日本語と非常に類似しているという母語の力を借りて、あまり日本語での会話には慣れていない、かなり早い段階で「中級である」と判定されるようになっている可能性があります。

本書では、学習者の母語と文法習得の関係について、これ以上は触れませんが、しかし、決して無視のできないことだと思います。

なお、この章は、以下の2つの論文の内容を参考にして書いています。興味のある方はご参照ください。

山内博之(2003)「OPIデータの形態素解析―判定基準の客観化・簡易化に向けて―」『実践女子大学文学部紀要』45集、実践女子大学
山内博之(2005)「日本語教育における学習者の日本語」『国文学』2005年5月号、学燈社

なお、この章では、KYコーパスというデータを使用しました。KYコーパスは、90人分のOPIのインタビューを文字化したデータです。90人の内訳は、英語母語話者30人、韓国語母語話者30人、中国語母語話者30人で、さらに、それぞれ30人の中の内訳は、初級話者5人、中級話者10人、上

級話者 10 人、超級話者 5 人となっています。ちなみに、KY コーパスの KY とは、作成者の名字の頭文字です。K は南山大学の鎌田修教授で、Y は私、山内です。

KY コーパスの最新バージョンは version1.2 で、現在、version2 を作成しているところです。使用希望者は山内(yamauchi-hiroyuki@jissen.ac.jp)までご連絡ください。

第3章　言葉の切れ端から日本語能力を推測する

前章では「茶筌」を使ったOPIデータの分析例を紹介しました。続く本章では、「Nグラム統計」を使った分析例を紹介します。「Nグラム統計」は「茶筌」よりも使い方が難しいのですが、しかし、これがまた、優れものなのです。本章で「Nグラム統計」のすごさを実感してください。

《タスク1》

OPIの超級話者が最も多く使用している7文字以上の言葉は「んですけれども」です。さて、どうやって私がこの事実を突き止めたか、考えてみてください。

6名の超級話者のOPIデータ(約3時間分)を文字化し、7文字以上の文字列で最も頻繁に出現するものを調べてみました。その結果、最も多く出現していたのが「んですけれども」だということがわかりました。6名分のデータの中に、計58回出てきていました。ちなみに、「上級―下」の話者7名分のデータについても、同じように調査してみたのですが、「んですけれども」という言葉は1回も使用されていませんでした。つまり、「んですけれども」というのは、上級話者には使用できず、超級になって初めて使用できるようになる、いかにも超級らしい表現だということです。

「んですけれども」が使われている文は、たとえば、次のような文です。

(1)　いやーそれほどでもないんですけれども

(2)　その本1冊だけでは何とも言えないんですけれどもね

(3)　その前にぜひお勧めしたいんですけれども、機会がー、ありまして中国へいらしゃるんだったら、…

いかがでしょうか。特に(3)の発話などは、「けれども」「ありまして」「いらっしゃる」などの表現の改まり度のレベルがうまく調節されていて、いかにも超級という感じがするのではないでしょうか。

「んですけれども」は、超級話者だけがよく使う、超級話者に特徴的な表現であるわけですから、日本語の上級クラスにおいては、ぜひきちんと使い方を教えるべきだと思います。しかし、現実には、上級クラスで「んですけれども」がきちんと教えられているということは、まずないだろうと思います。なぜかというと、「んですけれども」が、7文字以上の文字列の中で最頻出のものだということは、普通は知ることができないからです。

文章の中から、ある表現を抜き出したり、その表現の出現回数を数えたりする時には、検索ソフトを使いますよね。あるいは、わざわざ検索ソフトを使わなくても、ワープロソフトにも普通は検索機能が付いていますから、それを使えば、「んですけれども」が使われている箇所を見つけることができますし、その出現回数を数えることもできます。しかし、そもそも、数ある7文字以上の表現のうち、「んですけれども」の数を数えればいいのだということは、どうすればわかるのでしょうか。

日本語の文字が仮に50種類あるとすると、7文字の文字列には、50の7乗ものパターンがあるということになります(50の7乗を実際に計算しようとすると、普通の電卓だと、数が大きすぎてエラーが出てしまいます)。この50の7乗という数の文字列を1つずつ検索してその出現数を調べていき、その中で最も出現数が多い文字列を見ると、それが「んですけれども」になる、ということなんですが、電卓でもエラーが出てしまうほど膨大な数の文字列を1つずつ検索していくなどということは、とうてい人間にできることではありません。

では、なぜ私が7文字以上の文字列の中で「んですけれども」が最頻出であることを知ることができたのかというと、「Nグラム統計」という手法を使用したからです。Nグラム統計とは、「言語テキストの中の、任意の長さの文字列の出現頻度を知ることができる手法」のことです。実際には、必ずコンピューターを用いるので、コンピューターソフトの一種であると考えてもいいかもしれません。

Ｎグラム統計という手法は、日本語教育の世界では、まだ、ほとんど使用されていませんが、古典文学研究の世界では、わりとよく使われています。Ｎグラム統計を古典文学研究の世界に導入した先駆者である、実践女子大学の近藤みゆき先生は、古今和歌集の中の女性の歌と男性の歌の違いを調べるために、Ｎグラム統計を用いました。その結果、たとえば、古今和歌集の男性の歌の中には「春の山辺」という言葉が何度も現れるが、女性の歌の中にはほとんど現れないこと、そして、同じ男性の歌でも、万葉集の歌の中には「春の山辺」という言葉がまったく現れていないことを発見しました。（参考文献：近藤みゆき「n-gram 統計による語形の抽出と複合語」『日本語学』2001 年 8 月号、明治書院）

この研究によって、和歌文学研究の世界では、「春の山辺」という言葉に注目せざるを得なくなるわけなんですが、歌語辞典にも立項されていない「春の山辺」という言葉の存在を浮かび上がらせることができたのは、まさに、Ｎグラム統計を使ったからなのです。

近藤先生は、Ｎグラム統計を使うことによって、古今和歌集の中の男性の歌と女性の歌の違いについて調べたのですが、私も、この研究に触発されて、初級話者と中級話者の発話の違い、中級話者と上級話者の発話の違い、上級話者と超級話者の発話の違いを、それぞれ調べてみようと思いました。そうすることによって、今までに誰も気づかなかった文法項目や表現形式の存在が浮かび上がってくるのではないか、「茶筌」による分析では見出すことのできなかったアンモナイト形態素の存在を浮かび上がらせることができるのではないか、などと考えたのです。

《タスク 2》

中級話者が最もよく使う 4 文字以上の文字列は、次の 4 つのうちのどれだと思いますか。

a. んですけ　b. ちょっと　c. はいはい　d. やっぱり

正解は「はいはい」です。「中級―下」の話者9人分のOPIデータを、Nグラム統計で分析してみましたので、その結果を発表します。中級話者が頻繁に使用している4文字以上の文字列は、次のとおりです。

第1位：はいはい　(127回)
第2位：ですはい　(72回)
第3位：ています　(50回)
第4位：ますはい・ちょっと　(48回)
第6位：わたしの　(44回)

「はいはい」は、中級話者9人のOPIの中で、計127回使用されており、断トツの1位でした。第2位の「ですはい」と第4位の「ますはい」は、耳慣れない文字列だと思いますが、これは、話者が文を言い終わった直後に、また自ら「はい」と発話しているものでした。具体的には、次のようなものです。

(4)　んー日曜日はー、んー、家でー、いーやすんですはい、やすみですはい

前章では、中級のアンモナイト形態素として「あの(連体詞)」「あのー(フィラー)」「けど(接続助詞)」の3つを挙げましたが、「はいはい」あるいは「はい」も、これらに加えてもいいのかもしれません。

それにしても、こうやって見ると、中級話者というのは、ずいぶん「はい」を多用しているんですね。OPIでは、「対話者との言葉のやりとりがある程度スムーズにできることが中級話者の特徴だ」などと言われていますが、それは、主に「はい」の使用によるものなのかもしれません。中級話者の特徴というのは、案外単純なものなのかもしれませんね。

次は、上級の分析です。「上級―下」の話者7人分のOPIをデータとし、Nグラム統計を用いて分析しました。先ほどと同じく、4文字以上の頻出文字列です。

第1位：ちょっと　(98回)
第2位：ですけど　(71回)
第3位：おもいま　(66回)
第4位：やっぱり　(65回)
第5位：とおもい　(64回)

「ちょっと」は、中級話者にもよく使用されていましたが、上級になってさらに使用数が増え、第1位にまでのし上がってきました。また、「やっぱり」は、初級と中級での出現がゼロでした。前章では、「だ(助動詞)」「よ(終助詞)」「から(接続助詞)」の3つを、上級のアンモナイト形態素として挙げましたが、「やっぱり」も、これらに加えることができるようです。また、「おもいま」の中級での出現数は18、「とおもい」の中級での出現数は16でした。「やっぱり」ほど良質ではありませんが、「と思います」というフレーズも、上級のアンモナイト形態素の候補に入れておいてもいいかもしれません。

最後は、超級の文字列ベスト5です。データは超級話者6人分のOPIです。

第1位：んですけ　(198回)
第2位：そういう　(163回)
第3位：ですけど　(140回)
第4位：っていう　(133回)
第5位：んですけど　(129回)

第1位は、「んですけ」です。「んですけ」という文字列を最初に見た時は、これが一体何なのかよくわかりませんでしたが、それが使用されている文を1つずつ見ていくと、「んですけど」「んですけれど」「んですけれども」のどれかだということがわかりました。「んですけど」は、第5位に入っていますし、《タスク1》で見たように、7文字以上だと、「んですけれども」が第１位になります。特に、「んですけれども」は、《タスク１》で述べたように、「上級―下」の話者はまったく発話していなかったわけですから、かなり良質のアンモナイト形態素だと考えられます。

この結果を見る限りでは、超級話者の特徴は「のだ」「です」「けど・けれど・けれども」をうまく組み合わせて使うことである、と言えるようです。「のだ」「です」「けど・けれど・けれども」を組み合わせた「んですけ」という文字列の存在を浮かび上がらせることができたのは、Ｎグラム統計を使用したからこそであり、Ｎグラム統計は、このような複合形式の存在を発見する時に、最も威力を発揮します。

Ｎグラム統計というのは、一種の検索ソフトであると考えればいいのですが、普通の検索ソフトと大きく異なるのは、検索する際にキーワードを指定する必要がないということです。普通の検索システムなら、何か探したいキーワードを指定しますよね。しかし、Ｎグラム統計では、キーワードの指定をせずに、いきなりソフトを動かすのです。そうすると、調べたい文字数の文字列の中で、使用頻度が高いものはどれなのか、ということを自動的に計算して教えてくれます。

さて、これで、Ｎグラム統計のすごさを実感していただけたでしょうか。Ｎグラム統計を使ってOPIデータを分析すると、茶筌ではわからなかったことがわかるようになりますし、プロフィシェンシーと文法の関係を考える際にも、非常に強力な武器になり得るのではないかと思うのですが、いかがでしょうか。

なお、この章は、以下の論文を参考にして書きました。また、さらに詳しいデータも掲載されていますので、興味のある方はご参照ください。

山内博之(2004)「語彙習得研究の方法―茶筌とＮグラム統計―」『第二言語としての日本語の習得研究』７号、第二言語習得研究会

なお、この章では、データとして「KYコーパス version2」(作成中)を使用しました。

第4章　これでいいのか、初級文法？

みなさんは「初級の授業」という言葉から何を連想しますか。自己紹介、ドリル、フラッシュカード、そして、もちろん「文型の導入」がありますよね。ところで、初級では、どのような文型・文法を導入すればいいのでしょうか。この章では、初級の文型・文法について検討していきます。

《タスク1》

現在日本語を教えていらっしゃる方は、初級の文法項目を挙げてみてください。まだ日本語を教えたことがない方は、初級ではどのような文法を教えるべきか、考えてみてください。

多くの初級テキストは、「私はマイク・ミラーです」のような名詞文から始まります。そして、動詞文、形容詞文へと続いていき、次に、テ形・ナイ形・辞書形・タ形など動詞の活用、さらに、「〜てから」「〜る前に」「〜と」「〜たら」「〜たり」などの簡単な接続表現や連体修飾節などが登場します。これが初級の前半です。

後半では、「〜のだ」「〜ようだ」「〜そうだ」「〜てある」「〜ておく」「〜てみる」「〜つもりだ」「〜ところだ」「〜ばかりだ」や、受身・使役など、主に文末を豊かにする表現が扱われます。

初級における日本語教育というと、多くの日本語教師は、このような文法項目の導入のことを思い浮かべるのではないかと思います。また、初級クラスを担当する教師であれば、このような文法項目は、とりあえず頭の中に入れておく必要がある、というのが、日本語教師の間での共通した認識だろうと思います。

ところで、初級というのは一番最初の段階、つまり、日本語がまだ何もわからない、ほんの入り口の段階であるわけですよね。そこで、ごく単純な疑問なんですが、「〜のだ」「〜ようだ」「〜そうだ」「〜てある」「〜ておく」「〜てみる」や受身・使役などのような日本語を豊かにする表現が、日本語教育の一番最初の段階で本当に必要なのでしょうか。また、活用というのは、それを習得しようと思うと、五段動詞か一段動詞かという動詞の分類を考えなければならず、学習者にとっては非常に負担の重いものであるように思われます。にもかかわらず、初級の前半で教えなければならないものなのでしょうか。そして、それらを教わった学習者たちは、それらの項目を本当に身につけることができているのでしょうか。

初級クラスで教えられている文型や文法を、学習者たちがどのぐらい身につけているのかということを、OPIのデータを使って調べてみたいと思います。作業を進める際には、現在、初級テキストの中で最もよく使われている『みんなの日本語 初級Ⅰ 本冊』と『みんなの日本語 初級Ⅱ 本冊』を“たたき台”として使用しました。初級の授業で、日本語教師はいろいろな文法項目を一生懸命教えますよね。初級学習者は、それらすべてをしっかり身につけ、実際に使用できるようになっているのでしょうか。初級の学習を終えた中級学習者は、初級で教わった文法項目を本当に使用できているのでしょうか。それを調べることが、この調査の目的です。現行の初級シラバスの中に、初級の段階で身につけることが困難な項目が含まれているのなら、それらは初級では扱わず、中級以降のシラバスに組み入れるべきだと思うのです。

分析に使用したデータは、KYコーパスです。第2章でも説明しました

表1. 分析に使用するデータ

	サブレベル	人数
初級	初級―下、初級―中、初級―上	15
中級	中級―中	14
上級	上級	12
超級		15
合計		56

が、KYコーパスとは、90人分のOPIのインタビューを文字化した言語資料のことです。ここではversion1.1を使用し、その中から56人分のインタビューを選び出し、分析しました。56人のレベルの内訳は、前ページの表1のとおりです。(ちなみに、第2章でも同じデータを使用しました。)

この56人分を選んだ理由は、以下のとおりです。まず、「超級」についてですが、「超級」にはサブレベル(下位分類)がないので、KYコーパスに収録されている「超級」の15人分のインタビューをすべて調査対象としました。「上級」には、現在は「上級—下」「上級—中」「上級—上」という3つのサブレベルがあるのですが、KYコーパスの作成当時は、単なる「上級」と「上級—上」という2つのサブレベルがあるのみだったので、「上級—上」ではなく、より典型的と思われる「上級」を調査対象としました。人数は14人です。「中級」は、「中級—下」「中級—中」「中級—上」の中で最も典型的な「中級」であると思われる「中級—中」を調査対象としました。人数は12人です。「初級」は、KYコーパスに収録されているデータ数が少ないので、「初級—下」「初級—中」「初級—上」のすべてのサブレベルを調査対象としました。人数は15人です。

これらの計56人分のデータについて、本書の第2章で紹介した「茶筌」を用い、形態素解析を行ないました。

表2. 各級における格助詞の出現頻度

格助詞	初級	中級	上級	超級
の	145	721	894	1185
に	145	422	445	881
が	87	372	524	882
と	76	232	431	921
を	61	330	292	520
で	47	203	215	437
から	40	84	119	207
へ	18	42	32	24
より	0	13	27	30
について	1	14	18	22

さて、前ページの表2は、OPIの各級における格助詞の出現頻度を表したものです。『みんなの日本語』で扱われている格助詞は、「が」「を」「に」「へ」「と」「から」「より」「で」「まで」「の」「について」です。ただし、「まで」は茶筌では格助詞であると判定されませんので、「まで」を除いた10種類の格助詞の出現数を、レベル別に示しました。

「の」から「について」までの表中の縦の欄の順序は、中級での出現数によるものです。中級での出現数が多いものから順に、上から書いていきました。(表3以降も、縦の欄の順序については、表2と同様です。)

そうそう、言い忘れていましたが、それぞれのレベルの文法的形態素の総数は、初級が3430、中級が11754、上級が14030、超級が26773でした。これらは、異なり数ではなく延べ数です。つまり、データとして取り上げた初級話者全員で文法的形態素を3430回発話し、また、中級話者全員で11754回、上級話者全員で14030回、超級話者全員で26773回、それぞれ文法的形態素を発話した、ということです。ごく大雑把に言えば、初級、中級、上級、超級で、1対4対4対8の比率で文法的形態素が発話された、ということです。初級と中級の差と、上級と超級の差が大きいですね。中級と上級は、あまり大きな差はありませんが、しかし、それでも多少は増えています。このようなことを頭に入れ、もう一度、表2を見てみてください。

すべてが「1：4：4：8」というわけではありませんが、まあ、だいたい、そんな感じで増えているように見えませんか。つまり、正用か誤用かはわかりませんが、格助詞の使用は初級から始まり、そして、中級、上級、超級とレベルが進んでも使用され続けるものだ、ということです。しかし、「へ」を見てください。「へ」だけは、中級から上級、超級へと進むにつれて、出現数が減っていますよね。特に、使用された文法的形態素数が際立って多い超級でさえ、「へ」の使用が少なくなっているのが、何とも不可解です。つまり、「へ」は、日本語能力が向上するにつれて、使用されなくなってしまうのです。これはどうしてなのでしょうか。

上級、超級で使用が減ってしまうということは、初級、中級での「へ」の使用に、何か無理があるということではないでしょうか。たとえば、初級の授業で教師が無理に教えてしまっているから、とか…。4技能のうちの「話す」ということだけに限って言えば、格助詞の「へ」は、敢えて教えなくてもいいのかもしれません。

ちなみに、格助詞の「へ」は、歴史的に見ると、日本人の使用頻度も減ってきているのだそうです。筑波大学の矢澤真人先生の論文「『へ』格と場所『に』格―明治期の『へ』格の使用頻度を中心に―」(『文藝言語研究・言語篇34』)を読むと、それがわかります。この論文では、1862年生まれの森鷗外から1949年生まれの高野悦子まで、明治から現代に至る71人の作家の作品が調査され、それによって、近代から現代にかけて格助詞「へ」の使用が減少しているということが明らかになりました。

たとえば、以下の(1)～(3)のように、現代なら、いかにも「に」が使われていそうな場所に、明治期には、「へ」が使われることが多かったのだそうです。下線の「へ」は、現在なら、どれも「に」を使っているでしょうね。

（1）　夜具蒲団などは自分のもの<u>へ</u>楽に寝ないと寝た様な心持ちがしない。
（2）　何だか水晶の珠を香水で暖ためて、掌<u>へ</u>握ってみた様な心持ちがした。
（3）　廊下の真中<u>へ</u>あぐらをかいて夜のあけるのを待っていた。
(以上、夏目漱石『坊ちゃん』より)

いかがでしょうか。つまり、格助詞の「へ」は、日本人の使用も減ってきているということです。外国人学習者は、そのことを敏感に察知しているのかもしれませんね。

《タスク1》では、格助詞についての中級学習者の使用実態を見てみたのですが、この結果を見ただけでも、現行の初級テキストのシラバスをそのまま教えていたのではダメだ、初級の文法シラバスを見直す必要がある、ということがわかるのではないかと思います。

《タスク2》

『みんなの日本語』では、「は」「も」「だけ」「しか」「ぐらい」「ほど」「でも」

という７つのとりたて助詞を扱っていますが、この中で、中級学習者が最も使用しにくいものはどれだと思いますか。

「は」「も」「だけ」「しか」「ぐらい」「ほど」「でも」の７つのとりたて助詞について、レベル別の使用状況をまとめたものが、次の表３です。

表 3. 各級におけるとりたて助詞の出現頻度

とりたて助詞	初級	中級	上級	超級
は	193	803	824	1181
も	15	151	245	544
ぐらい・くらい	26	78	54	83
だけ	11	34	19	35
でも	2	5	12	22
しか	0	1	5	14
ほど	0	1	1	5

これらも、きれいに「1：4：4：8」になっているわけではありませんが、「は」と「も」については、何となくそんな雰囲気がありませんか。しかし、「は」と「も」を比べると、「は」の方が、早く使用されるようになっています。「初級：中級」の比がだいたい「1：4」になっていますので、初級からしっかり使用されているということが言えます。一方、「も」は、「初級：中級」の比が「1：10」ぐらいになっていますので、初級ではあまり使用されず、中級になって頻繁に使用されるようになる、ということです。さらに、「も」は、中級と上級の間でも、使用数に差が見られますよね。「は」については、初級のごく初期に導入しても、初級のうちから使用できるようになり、「も」は、「は」よりは遅く導入した方がよく、また、初級だけでなく、中級でも「も」の派生的な用法について教えて、上級で、さらに幅広く使用できるようにする、というのがいいのではないかと思います。

「ぐらい・くらい」「だけ」も、初級と中級で、かなりしっかり使用されていますよね。上級、超級では使用数がやや落ち込んでいますが、しかし、その落ち込み方は、先ほどの格助詞「へ」ほどではありませんので、「ぐらい・

くらい」と「だけ」については、これまでどおり、初級の授業で教えればいいのではないでしょうか。

残りの「でも」「しか」「ほど」は、どれも非常に使用数が少ないですね。使用数が少ないのは、使用が難しいからではなく、OPIという限られた状況の中では使用するチャンスがなかった、ということなのかもしれません。しかし、データが少ないながらも思い切って言ってしまえば、これら3つは初級で教える必要はなく、「でも」は中級で、「しか」と「ほど」は上級で、それぞれ教えればいいのではないかと思います。なぜなら、「でも」の使用数は中級と上級で差が大きく、「しか」と「ほど」の使用数は上級と超級で差が大きいからです。つまり、「でも」は中級の時に身につけて上級で使用できるようになり、「しか」と「ほど」は上級で身につけて超級で使用できるようになるということではないでしょうか。だから、「でも」は初級ではなく中級で教えるのが自然で、「しか」と「ほど」は上級で教えるのが自然ではないかと思うのです。

結局、《タスク2》の答えは、「しか」と「ほど」ということになります。日本語教師としての私個人の経験からも、表3の数値は、何となく理解できるような気がします。「ほど」は、確かに使用機会そのものが少ないかもしれませんが、「しか」については「だけ」との混同が多く、中級ぐらいの学習者だと「しか」を使わなければならないのに「だけ」を使ってしまっている、ということが非常に多いように思います。

では、次に、並立助詞についても見てみたいと思います。『みんなの日本語』で扱われている並立助詞は、「と」「や」「とか」の3つです。この3つについて、レベル別の使用状況をまとめたものが、次の表4です。

表4. 各級における並立助詞の出現頻度

並立助詞	初級	中級	上級	超級
と	47	141	75	76
とか	6	55	156	166
や	3	27	4	6

この表を見ると、「や」の使用は、中級以外ではほとんど見られないことがわかります。したがって、「や」は、「話す」ということに関する限りでは、教える必要のない項目なのではないでしょうか。「と」も上級と超級での使用数が今ひとつです。一方、「とか」は、上級で使用数が急増していますよね。「や」はほぼ完全に、「と」もある程度は、上級以降では「とか」に取って代わられてしまうのではないでしょうか。

本章では、格助詞、とりたて助詞、並立助詞という、名詞に接続する主な3つの助詞についての学習者の使用状況を見てきました。教師がどれだけ一生懸命教えても、学習者がうまく習得してくれない項目って、確かにあると思いませんか。次章では、これら以外の形態素についても検討していきたいと思います。

なお、この章で用いた調査資料は、次の①と②です(第5章、第6章でも同じ資料を使用しています)。また、本章及び第5章、第6章は、③の内容を参考にして書きました。

①　スリーエーネットワーク(1998)『みんなの日本語 初級Ⅰ 本冊』スリーエーネットワーク

②　スリーエーネットワーク(1998)『みんなの日本語 初級Ⅱ 本冊』スリーエーネットワーク

③　山内博之(2005a)「日本語教育における初級文法シラバスに関する一考察」『実践国文学』67号、実践女子大学内・実践国文学会

第5章　「受身」は初級文法なのか

前章では、初級日本語テキストのシラバスをOPIデータと突き合わせることによって、現行の初級シラバスの不備を指摘しました。本章は、その続きです。助動詞や補助動詞など、日本語教師がかなり力を入れて教えていると思われる項目について、初級で教えるべきか否かを検討していきます。

《タスク1》

受身を初級で教えている教師は多いのではないかと思いますが、受身を初級で教えるのは適切なことなのでしょうか。考えてみてください。

まず、次の(1)(2)を見てください。次の(1)(2)は、「上級―中」の話者の実際の発話です。どちらも、受身が使われている部分には下線が付してあります。

（1）　若く見えると<u>言われたら</u>誰も　機嫌が悪くなるはずがないんですね。

（2）　あの　アリーさんという人ーはあのちょっとせっかいてき　ちゅうな　あの　せあの国際的な　有名ひとだっと思いますけどあの　リトル・ガンディーと<u>呼ばれてる</u>人ですけど。

(1)は、「誰も機嫌が悪くなるはずがないんですね」という主節の主語である「誰」が、従属節でも主語になるようにするために、受身が用いられています。もし受身を使わないとしたら、「ある人が誰かに若く見えると言ったら、その誰かは機嫌が悪くなるはずがないんですね」などというように、かなり厄介で不自然な言い方をしなければならなくなってきます。つまり、(1)では、受身は、主節と従属節の主語をそろえて自然な日本語にするために用いられていると言えます。

また、(2)では、「多くの人がアリーさんをリトル・ガンディーと呼んでいる」という内容の文を、「アリーさんという人は国際的に有名な人だと思いますけど」という前文にうまくつなげるために、受身を使っています。前文の主語が「アリーさんという人」なので、それと呼応させるためには「多くの人がアリーさんをリトル・ガンディーと呼んでいます」ではダメで、「人」が述部の中心に来るように、連体修飾節の中で受身を使っています。

上記の(1)(2)の発話では、２つの文や節の主語・主題を統一させるために受身が用いられています。つまり、２つの文や節をスムーズに組み合わせるために、受身が使われているということです。単語しか言えず、１つの文や節をしっかり言うことができないような初級レベルの学習者に、受身を教えることは必要なのでしょうか。また、教えれば、きちんと使えるようになるものなのでしょうか。

では、初級で教わった受身を、中級学習者はどの程度使うことができているのか、前章と同じように、OPI データで検証してみることにします。OPI データは、前章の表１で示したものと同じです。『みんなの日本語』では、受身以外にも、「です」「ます」「た」「(ませ)ん」「ない」「たい」「のだ」「(さ)せる(使役)」「はずだ」「ようだ」「そうだ(様態)」「そうだ(伝聞)」「つもりだ」「ばかりだ」「ところだ」という助動詞を扱っていますので、受身だけでなく、助動詞全般について学習者の使用状況を見てみることにします。次ページの表１を見てください。

このデータにおいては、初級、中級、上級、超級における文法的形態素の出現比率が、ごく大雑把に言えば「1：4：4：8」であることを、前章で確認しましたよね。それを思い出しながら見ていただきたいと思います。

まず、上から順に、「です」「た・だ」「ます」「(ませ)ん」の４つは、初級のごく初期に教えてもまったく問題のないものであろうと思われます。まず、「です」と「た・だ」についてですが、「です」の初級での出現数が少し多いものの、各レベルでの出現比率が「1：4：4：8」にかなり近くなっているように見受けられます。初級から使用が見られ、中級、上級、超級へと、しっかり使用が続いていくものである、ということだと思います。

表１．各級における助動詞の出現頻度

助動詞	初級	中級	上級	超級
です	305	719	780	1489
た・だ（過去）	120	498	429	740
ます	382	934	734	896
ん（否定）	93	139	83	102
ない	23	122	266	501
たい	8	39	87	98
よう	0	22	48	89
ん（形式名詞）	298	267	256	1051
（ら）れる	2	32	37	138

「ます」と「（ませ）ん」は、初級、中級での使用の多さに比べると、上級、超級での使用が今ひとつです。つまり、上級、超級では、「～ます。」「～ません。」というように言い切ってしまう動詞文が少なくなるということです。それは、おそらく、上級や超級になると、受身や使役のようなヴォイスに関わる助動詞や、ヨウダ、ソウダ、ミタイダなどのような判断のモダリティに関わる助動詞などを使用するようになるためではないかと思います。「（ませ）ん」と「ない」を見比べてみると、「（ませ）ん」の使用が「ない」の使用に変わっていっている様子が、よくわかりますよね。後ろに助動詞を付加することができない丁寧形の使用から、助動詞を付加することができる普通形の使用に変わっていっている、ということではないでしょうか。

「ない」「たい」「よう」も、中級から安定して使われているようですので、初級での教育が功を奏していると言ってもいいかもしれません。しかし、中級での出現数と上級での出現数にも、ある程度の差が見られますので、初級後半か、あるいは、中級に入ってから教えればいいということではないかと思います。いずれにしても、「です」「た・だ」「ます」「（ませ）ん」よりは後で教えるべきだということが、表１から窺うことができます。

次に、「ん（形式名詞）」についてですが、これは、「のだ」の代用品として挙げたものです。茶筌では「のだ」が助動詞として検出されないので、最も近いであろうと思われた「名詞—非自立——般」というタグの付いていた「ん」という形態素、つまり形式名詞の「ん」を、「のだ」の代用とすることにしました。ですから、これは、「のだ」そのものではないのですが、超級で、突然数値が跳ね上がっていることがわかります。同様に、「(ら)れる」も、中級・上級から超級にかけて、かなり大幅な数値の上昇(約4倍)が見られます。この「(ら)れる」も、厳密に言えば、受身の意味のみを表すものでなく、可能等の意味を表すものも入ってしまっています。ですから、はっきりした結果を述べるためには、さらなる研究の成果をまたなければならないのですが、ここで思い切って結論を述べてしまえば、「のだ」と「受身」は、主に上級で習得され、超級になるとかなり自由に使いこなせるようになるものだ、ということが言えるのではないかと思います。初級で教えても、おそらく使いこなせるようにはならないだろう、ということです。

なお、「(さ)せる(使役)」「はずだ」「そうだ(様態)」「そうだ(伝聞)」「つもりだ」は、OPIでの出現数が非常に少なかったので、表1には取り上げませんでした。「ばかりだ」と「ところだ」については、茶筌の形態素解析によって付されたタグからは、それぞれの語を特定することが困難でしたので、やはり今回は省略することにしました。

助動詞については、これで以上ですが、次に、助動詞と同様、初級を担当する教師が、かなり力を入れて教えているであろうと思われる補助動詞についても見ていきたいと思います。『みんなの日本語』で扱っている補助動詞は、「ている」「てくる」「てある」「ておく」「てしまう」「てみる」「すぎる」です。これらの使用状況を、次ページの表2にまとめました。

表2の1段目の「いる」というのは、いわゆる「〜ている」のことです。2段目の「て(い)る」は、その縮約形の「〜てる」のことです。きれいに「1：4：4：8」というわけにはいきませんが、この両者を合計すると、まあ、だいたいそんな感じになっているのではないでしょうか。「住んでいる」「持っている」など、限られた動詞とともにしか使われていないのかもしれませんが、「〜ている」の使用自体は、初級からかなり見られるということです。

表2. 各級における補助動詞の出現頻度

補助動詞	初級	中級	上級	超級
いる	68	164	198	243
て(い)る	2	43	94	296
ある	4	21	4	41
くる	2	16	22	72
しまう	1	7	11	40
みる	1	4	8	33
すぎる	0	0	7	5
おく	0	1	2	1

また、「～ている」と「～てる」を比べながら眺めると、初級、中級、上級で優勢な「～ている」が、超級で「～てる」に逆転されていることがわかります。ちょっと興味深いですよね。

次の「ある」は、いわゆる「～てある」のことです。なぜ上級で数値が落ち込んでいるのかは、よくわかりません。おそらく、データの量が不十分であることと、外国人の発話という不完全な日本語を茶筌にかけたことによる解析の不完全さが、不可解な数値を生み出している原因だろうと思います。さらにデータを増やして、研究を続けていく必要があります。

次の「くる」「しまう」「みる」(つまり「～てくる」「～てしまう」「～てみる」)は、超級で数値が大きく増加しています。これらは、初級で教えても身にはつかず、上級になってようやく習得することができ、超級で使用できるようになった、ということではないでしょうか。

最後の「すぎる」と「おく」(～ておく)は、全体的に出現数が少ないので、このデータからだけでは、何も言うことはできないだろうと思います。

しかし、それにしても、同じように初級で教えている文法項目の中にも、かなり使用頻度にばらつきがあると思いませんか。特に、推量の助動詞や受身や使役や「のだ」、それから「～てある」「～ておく」や「～てくる」など、もしかしたら、無理をして初級で教える必要はないのかもしれません。理解させる練習ならともかく、無理をして使用させる必要はないのではないか。何となくそう思えてきます。

《タスク２》

終助詞の「ね」と「よ」。さて、外国人学習者は、どちらをより難しいと思っているでしょうか。考えてみてください。

では、さっそく、終助詞の使用状況を見てみることにしましょう。『みんなの日本語』で扱われている終助詞は、「か」「ね」「よ」「な(禁止命令)」です。これらの出現頻度をレベル別にまとめたものが、次の表３です。

表３. 各級における終助詞の出現頻度

終助詞	初級	中級	上級	超級
か	89	301	364	814
ね・ねー	26	112	297	894
よ・よー	3	25	113	219
な・なー	2	14	66	132

「1：4：4：8」という比率を気にしながら眺めてみると、「か」と「ね・ねー」は、何となくいけてる感じがしませんか。この２つは、初級のごく初期から使用されているということです。「よ」は、中級でも、ある程度は使用されているのですが、特に上級以降での使用が顕著です。「な・なー」にも、「よ」と同じような傾向は見られますよね。この表の「な・なー」には、禁止命令以外のものも入ってしまっていますが、いずれにしても、「よ」と「な」は、初級ではなく中級で習得し、上級になって使えるようになるものなのだろうと思います。

誤用も多いだろうとは思いますが、「ね」は、かなり早い段階から頻繁に使用されているようですね。格助詞や助動詞、補助動詞などに比べると、終助詞は、あまり力を入れて教えていないのではないかと思いますが、この表を見る限りにおいては、「ね」は、初級の早い段階から力を入れて教えるべき項目である、ということが言えるようです。

第6章　難易度を考慮した初級文法の体系

前々章、前章と、2章続けて初級文法について述べてきました。もちろん、OPIのデータがすべてではないのですが、しかし、現行のシラバスも決して完全ではない、ということもおわかりいただけたのではないかと思います。シラバスの作成には、やはりプロフィシェンシーという視点、つまり、学習者の日本語の習得段階を考慮した視点が必要だと思います。

《タスク1》

教師がかなり苦労して導入する「と」「ば」「たら」「なら」。この4つは、どのような順序で教えるのがいいのでしょうか。考えてみてください。

『みんなの日本語』では、「と」「ば」「たら」「なら」の4つ以外にも、「て」「から」「ので」「けど」「が」「のに」「たり」「し」「とき」「ながら」「ため」という接続助詞を扱っています。これらの接続助詞の使用状況をレベル別にまとめたものが、次ページの表1です。

なお、データは、本章でも、前章、前々章と同じものを使用します(第4章の表1を参照してください)。このデータにおいては、初級、中級、上級、超級における文法的形態素の出現比率が、だいたい「1：4：4：8」になっているんでしたよね。

表1を見ると、まず、「て・で」が初級からかなり安定して出現していることがわかります。「て・で」とは、いわゆるテ形のことです。もしかしたら、ごく限られた動詞とともにしか使うことができないのかもしれませんが、学習者たちは初級の早い段階からテ形を使っているようです。初級では、そもそも知っている動詞の数自体が少ないわけですから、テ形の作り方のルールをどの程度教えるかはともかくとして、初級の早い段階から、「動詞＋テ」という形を使う練習をした方がいいということです。「けど」「たら・だら」「たり・だり」「とき」「ため」は、どれも、初級での数値がほぼ

ゼロで、中級になって急に数値が増えます。初級での教育が功を奏して中級で使用できるようになった、ということではないでしょうか。

表1. 各級における接続助詞の出現頻度

接続助詞	初級	中級	上級	超級
て・で	135	606	752	1241
けど	0	141	237	352
たら・だら	0	83	79	169
たり・だり	3	38	28	65
とき	1	56	84	91
ため	0	19	23	26
から	28	84	179	200
が	11	28	96	89
し	2	26	70	117
ながら	0	4	10	19
と	15	33	52	137
ば	0	26	37	111
ので	1	14	30	112
のに	0	1	0	13

その下の「から」「が」「し」は、初級や中級でも使用されているのですが、中級から上級に上がる時に、特に数値が増えているように思われます。初級で教えることにも無理はないのかもしれませんが、どちらかと言うと、中級でしっかり教える方が効率的なのではないでしょうか。「ながら」は、全体的に使用数が少ないのですが、「から」「が」「し」と、だいたい同じような傾向を示していると言えます。

一番下の「と」「ば」「ので」「のに」は、どこで一番数値が跳ね上がっているかというと、超級ではないでしょうか。つまり、上級以下では、あまり十分には使いこなせていないということです。それなら、これらの項目は、上級でしっかり教え、超級での使用に備える、というのがいいのではないでしょうか。

なお、「なら」は、どのレベルでも出現数が10未満でしたので、表1には掲載しませんでした。

数値の見方や解釈については、異論がある方もいらっしゃるでしょうが、思いきって、結論を述べてしまうと、初級で力を入れて教えるべきものは「て」「けど」「たら」「たり」「とき」「ため」、中級で力を入れて教えるべきものは「から」「が」「し」「ながら」、上級で力を入れて教えるべきものは「と」「ば」「ので」「のに」、ということになるのではないかと思います。「と」「ば」「たら」「なら」だけに限ってみると、初級学習者にとっては、「たら」が圧倒的になじみやすく、それ以外はかなり敷居が高い、ということが言えます。

以上が、接続助詞についての使用状況でしたが、次に、同じ“接続”ということで、接続詞についても見てみたいと思います。『みんなの日本語』で扱われている接続詞は、「そして」「それから」「それで」「それに」「そのうえ」「ですから」「でも」「しかし」「では」「じゃ」「ところで」です。次の表2は、これらの使用状況をレベル別にまとめたものです。

表2. 各級における接続詞の出現頻度(1)

接続詞	初級	中級	上級	超級
でも	56	83	86	106
じゃ・じゃあ	6	12	11	33
それから	10	26	3	19
それで	0	13	55	32
そして	6	5	16	39
ですから	0	3	10	46
しかし	0	1	0	10

まず、「でも」は、初級からもかなり使用されていることがわかります。もしかしたら、外国人学習者が最も早く身につける接続詞かもしれませんね。初級の早い段階から教えてもいいのではないかと思います。「じゃ・じゃあ」は、使用数がやや少ないので、あまりはっきりしたことは言えないのですが、「1：4：4：8」にかなり近いバランスになっていますので、初級から教えていっても大丈夫ではないかと思います。「それから」は、初級・

中級では使われていますが、上級・超級で使用数が落ち込んでいます。授業で教わったので初級・中級では使ったが、レベルが上がるにつれて他の接続詞の方が適切だということがわかり、あまり使わなくなった、ということなのかもしれません。

「それで」は、上級での使用の多さが際立っていますね。初級ではなく、中級で力を入れて教えた方がいいのではないかと思います。同様に、「そして」も、中級と上級の使用数にかなり差がありますから、中級で教えるのがいいのではないかと思います。また、「ですから」「しかし」は、超級での伸びが目立っているように見えます。「それで」「そして」よりも、さらに遅い段階で身につけるものなのだろうと思います。

なお、「そのうえ」は、茶筌では1つの形態素であるとみなされていないためか、1例も検出されませんでした。また、「ところで」「では」「それに」は出現数が全体に非常に少なかったため、表2には掲載しませんでした。

しかし、こうやってみると、初級で教えるべき接続詞というのは、あまりないように見えますね。そこで、私のお勧めを紹介したいと思います。次の表3を見てください。表3は、『みんなの日本語』では扱われていないが、OPIの中級話者はかなり頻繁に使っている、という接続詞をまとめたものです。

表3. 各級における接続詞の出現頻度(2)

接続詞	初級	中級	上級	超級
で	13	41	67	148
だから	0	33	29	81
たとえば	0	20	38	49

いかがでしょうか。「で」は、初級のかなり早い段階から教えてもいいようですし、「だから」「たとえば」も、「で」よりは遅い方がいいだろうと思いますが、初級で教えてOKだろうと思います。

表2と表3を眺めてみると、学習者が主に初級で身につけるだろうと思われるのは、「でも」「じゃ・じゃあ」「それから」「で」「だから」「たとえば」

ということになります。「でも」は相手の発話とは逆の内容のことを言う時、「じゃ・じゃあ」は、相手の発話と矛盾しない内容のことを言う時に用いるのではないかと思います。「それから」と「で」は順接ですが、「で」は、ごく軽く文と文をつなぐ時に使い、「それから」は、順序や前後関係などがはっきりしている時に使うのではないかと思います。さらに、「だから」は因果関係で、「たとえば」は例示ですよね。これだけあれば、ある程度のことは言えるでしょうし、これが、中級話者の“接続の世界”なのかもしれません。

《タスク2》

これまで、格助詞、とりたて助詞、並立助詞、助動詞、補助動詞、終助詞、接続助詞、接続詞について、それぞれの使用状況を見てきましたが、これら以外に、初級で教えるべき項目は、何かあるでしょうか。考えてみてください。

ずばり、答えはフィラーです。特に、「あのー」は初級でしっかり教える必要があります。『みんなの日本語』でも、フィラーは、「あのー」と「えーと」を扱っています。「あのー」と「えーと」のレベル別の使用状況をまとめたものが、次の表4です。

表4. 各級におけるフィラーの出現頻度(1)

フィラー	初級	中級	上級	超級
あのー・あの	8	471	120	423
えーっと・えーと・えと	28	60	62	86
えー・え	15	36	30	28

具体的な形式としては、「あのー・あの」「えーっと・えーと・えと」「えー・え」を取り上げましたが、どれも、初級から教えて問題はないようです。特に、「あのー・あの」は、中級ではかなりの頻度で用いられています。ただ、中級で471回用いられていたのが、上級で120回に落ち込んでいるのを見ると、中級の471回というのは、かなり誤用を含んだものであるのではないかと考えられます。つまり、中級学習者は「あのー・あの」を非

常に使いたがっている、しかし、誤用が多い…ということです。それなら、初級でしっかり教え、中級での誤用をできるだけ防ぐ、というようにすればいいのではないかと思います。

ここでもう少し考えてみたいのは、上級と超級でのフィラーの出現数の落ち込みについてです。初級、中級、上級、超級の文法的形態素の出現比率は「1：4：4：8」だったわけですから、それを考えると、上級、超級では、発話の中に占めるフィラーの割合が、中級よりも少なくなっているわけですよね。これは一体どういうことなのでしょうか。

次の表5を見てください。表5を見ると、その答えがわかります。

表5. 各級におけるフィラーの出現頻度(2)

フィラー	初級	中級	上級	超級
まあ・ま	8	12	90	315
なんか	0	1	18	68
と	3	13	6	36
そのー・その	0	3	7	31
あ	0	6	3	17
うん	0	4	2	3
そうですね	0	0	3	3

表5は、表4で挙げた「あのー・あの」「えーっと・えーと・えと」「えー・え」以外に、茶筌で「フィラー」であると判断されたもののレベル別の出現数をまとめたものです。これを見ると、「うん」と「そうですね」以外は、だいたい超級で急増していることがわかりますよね。「まあ・ま」と「なんか」は、上級でも急増しています。また、「こう」も、茶筌では「副詞」であると判断されてしまうので、この表には載せませんでしたが、初級1、中級2、上級1、超級173というように、超級で出現数が急増します。「こう」の実際の使用例を見ると、フィラーとして用いられていることが圧倒的に多いことがわかるので、「こう」も、実際にはフィラーであると考えればいいのではないかと思います。

このように、「あのー」系列と「えーと」系列以外のフィラーの使用が上級、超級では増えているので、「あのー」系列と「えーと」系列の使用がそれにおされて減っている、ということなんだろうと思います。ここでは、茶筌で「フィラー」とタグが付されたものと、たまたま私が気づいた「こう」のみを挙げたのですが、上級、超級では、さらに別の形式もフィラーとして使用されている可能性があります。茶筌での分析も大切ですが、学習者の発話を１つずつ丹念に眺めていくことも必要なことだと思います。

《タスク 3》

結局のところ、初級文法とはどのような文法なのでしょうか。また、初級文法と中級文法はどのように違うのでしょうか。できるだけシンプルに答えられるよう、考えてみてください。

４章〜６章の分析結果を、以下にまとめて示します。中級話者が使用していた文法形式を、初級で学ぶべき項目であると考えて「初級」、使用していなかった文法形式を、中級以降で学ぶべきものであると考えて「中級以降」、データ不足などのためにはっきりしたことがわからなかったものを「不明」とそれぞれ分類して示します。なお、「中級以降」と分類された文法形式の中で、中級で教えるべきなのか、それとも、上級で教えるべきなのか、４章〜６章のデータからおおよその見当がついたものについては、それぞれの文法形式の直後に（中級）あるいは（上級）と書いておきました。また、「助動詞」「接続助詞」「接続詞」については、「初級」と分類された形式の中でも、早く使用されるようになる形式と、それよりも遅く使用される形式との違いがある程度わかったので、「→」で順序を示しておきました。

【格助詞】

初　級　：が、を、に、と、から、より、で、の、について
中級以降：へ

【とりたて助詞】

初　級　：は、も、ぐらい、だけ

中級以降：でも(中級)、しか(上級)、ほど(上級)

【並立助詞】

初　級　：とか、と

中級以降：や

【助動詞】

初　級　：です、た、ます、(ませ)ん　→　ない、たい、ようだ

中級以降：のだ(上級)、受身(上級)、使役、はずだ、そうだ〈様態〉、
そうだ〈伝聞〉、
つもりだ、ばかりだ、ところだ

【補助動詞】

初　級　：ている

中級以降：てくる(上級)、てしまう(上級)、てみる(上級)

不　明　：てある、ておく、すぎる

【終助詞】

初　級　：か、ね

中級以降：よ(中級)、な(中級)

【接続助詞】

初　級　：て→けど、たら、たり、とき、ため

中級以降：から(中級)、が(中級)、し(中級)、ながら(中級)、と(上級)、ば(上級)、ので(上級)、のに(上級)

不　明　：なら

【接続詞】

初　級　：でも、じゃ(あ)、それから、*で→*だから、*たとえば

中級以降：それで(中級)、そして(中級)、ですから(上級)、しかし(上級)

不　明　：そのうえ、ところで、では、それに

(*は、『みんなの日本語』では扱われていないもの)

【フィラー】

初　級　：あのー、えーと、えー

中級以降：*まあ(上級)、*なんか(上級)、*こう(上級)、*そのー

（上級）

（＊は、『みんなの日本語』では扱われていないもの）

「初級」と分類された文法形式より「中級以降」と分類された文法形式の方が多いカテゴリーは、「助動詞」「補助動詞」「接続助詞」「接続詞」でした。このうち「接続詞」は、文をつなぎ合わせる時に使用するものだから、つまり、段落・談話レベルでまとまった話をする時に用いるものだから、習得が遅いのも、ある意味、当然だろうと思われます。しかし、「接続詞」以外の「助動詞」「補助動詞」「接続助詞」の中に、初級で教えても習得されないであろう文法形式が多くあるのは、なぜなのでしょうか。

その答えは、私は「動詞の普通形に接続する文法形式が多い」ということだと思います。学習者にとっては、丁寧形を作るよりも、普通形を作る方が、たぶんずっと難しいですよね。どうしてかと言うと、丁寧形を作る時には、どの動詞が五段活用でどの動詞が一段活用かということを考える必要がないけれども、普通形を作る時には、それを考えなければならないからです。

分析の対象とした「格助詞」「とりたて助詞」「並立助詞」「助動詞」「補助動詞」「終助詞」「接続助詞」「接続詞」「フィラー」という９つのカテゴリーのうち、「助動詞」「補助動詞」「接続助詞」以外は、すべて、普通形を作らなくても使用することができます。一方、「助動詞」「補助動詞」「接続助詞」の３者は、普通形を作って、それに接続させることを前提としています。だから、習得が遅いのではないでしょうか。

もちろん、接続助詞の中には、丁寧形に接続が可能なものもありますし、助動詞、補助動詞についても、連用形接続のものであれば、動詞の活用のタイプを考えることなく使用できるので、それらの使用は、それほど困難ではないだろうと考えられます。だから、今後、さらにデータを増やして綿密に分析を行なっていけば、「助動詞」「補助動詞」「接続助詞」の中でも、習得の早いものと遅いものとがあり、それを決定している要因が「普通形接続であるか否か」であるということがわかってくるかもしれません。

そのような実証を行なうことは今後の課題として、とりあえず、本書においては、「初級文法とは丁寧形の文法、つまり、普通形を作らなくて済む文法である」ということを仮説として提出したいと思います。普通形を作るということは、その動詞が五段活用なのか、一段活用なのか、サ変なのか、カ変なのか、ということを考えなければならないということであり、それは、学習者にとっては非常にコストが高いことであると考えられます。その点、丁寧形は、そのようなことをまったく考慮せずに作ることができるので、コストは高くないと考えられます。それなら、学習者は、まずはコストの高くない形式をマスターして、それで、できるかぎりいろいろなことを話そうとするのではないでしょうか。OPI的に言うなら、普通形は使わず、丁寧形だけでも、中級までは行ける可能性があるということなのではないでしょうか。

OPIの中級とは、買い物をしたり、友達を映画に誘ったり、レストランの予約をしたりといった、毎日の生活の中で起こり得るサバイバル的なタスクができるレベルのことです。動詞の活用などは一切勉強せず、普通形を使わないで、丁寧形一本やりで会話を押しとおしたとしても、このような中級レベルのタスクなら遂行が可能なのではないか、ということです。

もし私が初級テキストを作るとしたら、Ⅰグループ、Ⅱグループ、Ⅲグループなどという動詞の分類は、シラバスには入れません。もし入れるとしても、一番最後の課です。つまり、初級では、活用は勉強しないということです。「住んでいます」という表現を勉強させたいと思っても、テ形の作り方は教えず、「～に住んでいます」「～を勉強しています」などのような必要な表現を、動詞とセットで丸暗記させてしまいます。つまり、チャンク(かたまり)として教えるということです。

いかがでしょうか。普通形の作り方を教え、習得させることは、教師にとってもかなりシンドイことですし、活用を勉強することは、学習者にとっても非常にシンドイことです。たぶん、そんなシンドイ思いをしなくても、中級にはなれます。「普通形なし、活用もなし」という初級テキストを作成し、それを使用することが、中級話者を育てるための最速の方法なのではないかと思います。

《タスク4》

活用を教えない、あるいは、活用を最後の課で教える初級テキストを作るとしたら、課の構成はどのようにすればいいでしょうか。考えてみてください。

ずばり、私が考える初級テキストの課の構成は、以下のとおりです。テキストの名前は、そうですねー、まあ、『はっけよい日本語—初級—』とでもしておくことにしましょう。

『はっけよい日本語—初級—』
第1課：自己紹介(名詞文)
第2課：家族紹介(形容詞文、デキル)
第3課：学校案内(指示語、うなぎ文)
第4課：私の1日(動詞文、格助詞)
第5課：楽しい日曜日(過去形)
第6課：楽しいパーティー(タイ、マセンカ、マショウ)
第7課：パーティーに招待(並立助詞、とりたて助詞)
第8課：パーティーの翌日(終助詞)
第9課：お願い！(テ形、フィラー、カラ、ケド、ダカラ、デモ、デ)
第10課：私の部屋(アルとイル、ニとデ、ハとガ、助数詞)
第11課：教室の中(テイル)
第12課：友だち100人(活用、普通形)　←　初級文法と中級文法の分水嶺

まず、第1課では、「自己紹介」ができるようにします。自己紹介を行なうためには、「私はマイクです。」「私はアメリカ人です。」「私は大学生です。」のような名詞文を言うことが必須となります。つまり、自己紹介というタスクは名詞文と相性がいいということです。だから、第1課では、自己紹介を行なわせるために、名詞文を教えます。

第2課では、「家族紹介」ができるようにします。家族紹介を行なうため

には、「父は教師です。」のような名詞文だけでなく、「父は優しいです。」「父はハンサムです。」のような形容詞文・形容動詞文が必要になってきます。つまり、家族紹介というタスクは名詞文と相性がいいだけでなく、形容詞文・形容動詞文とも相性がいいということです。だから、第２課では、家族紹介を行なわせるために、名詞文にプラスして、形容詞文・形容動詞文を教えます。

第３課では、「学校案内」ができるようにします。学校案内を行なうためには、「ここは私たちの教室です。」「あそこは事務室です。」「それは先生のパソコンです。」のような文を言う必要があります。つまり、学校案内というタスクは、「ここ」「あそこ」「それ」などの指示語と相性がいいということです。だから、第３課では、学校案内を行なわせるために、指示語を教えます。

第４課では、「私の１日」について話せるようにします。私の１日について話すためには、「7時に起きます。」「8時に朝ご飯を食べます。」のような動詞文を教える必要があります。また、動詞文が出てくると、いろいろな格助詞も出てくるので、格助詞も教えます。つまり、私の１日を話すというタスクは、動詞文と相性がいいということです。だから、第４課では、私の１日について話させるために、動詞文と、それに付随して出現する格助詞を教えます。

第５課では、日曜日にしたことについて話せるようにします。日曜日にしたことについて話すためには、第４課と同様、動詞文が必要ですが、日曜日には、映画に行ったり、デパートに買い物に行ったり、普段の１日とは少し違うことをするでしょうから、第４課とは、少し違った動詞を覚える必要があります。また、動詞の過去の形も勉強する必要があります。だから、第５課では、日曜日にしたことについて話させるために、動詞のバリエーションを増やし、それらの過去の形を教えます。

第６課では、パーティーをしたいという意志を友だちに伝えられるようにします。そのためには、「パーティーがしたいです。」「パーティーをしませんか。」「はい、しましょう。」などと言える必要があります。つまり、パーティーをしたいという意志を友だちに伝えるというタスクは、「タイ」「マセンカ」「マショウ」と相性がいいということです。だから、第6課では、パーティーをしたいという意志を友だちに伝えられるようにするために、「タイ」「マセンカ」「マショウ」を教えます。

第7課では、パーティーに誰を呼ぶか、どんな食べ物・飲み物を用意するか、ということを話せるようにします。そのためには、「モニカさんとジャン君を呼びたいです。」「おでんや焼きそばを作りましょう。」「ビールだけ買います。ウイスキーは買いません。」のような、「と」「や」「だけ」「は」などを使った文を教える必要があります。つまり、パーティーに誰を呼ぶか、どんな食べ物・飲み物を用意するか、ということを話すタスクは、並立助詞・とりたて助詞と相性がいいということです。

第8課では、パーティーの翌日の会話ができるようにします。パーティーの翌日の会話とは、「昨日は楽しかったですね。」「はい、楽しかったですね。」「たくさん食べましたね。」「はい、たくさん食べましたね。」などというような、終助詞の「ね」を使ったものです。つまり、過去の共有する経験について話し合うというタスクは、終助詞の「ね」と相性がいいということです。だから、昨日のパーティーのことを話し合うことができるように、終助詞の「ね」を教えます。

第9課では、依頼ができるようにします。依頼ができるようにするためには、「ノートを貸してください。」「明日、来てもらえませんか。」のような「〜てください」「〜てもらえませんか」のようなテ形を使った表現を教える必要があります。極端に言えば、「動詞の連用形＋テ」だけでも依頼になりますよね。つまり、依頼するというタスクは、「動詞の連用形＋テ」と相性がいいということです。ただし、ここでは、テ形の作り方は教えず、よく依頼に使うような動詞と組み合わせて、チャンク(かたまり)として教えます。その理由は、「初級では活用を教えない」という方針があるからであるとも言えますが、仮にそうでないとしても、音便形なども含んでしまうテ形の作り方はそう簡単ではなく、たとえルールを教えたとしても、そのことが、会話の中でテ形をスムーズに使えることとダイレクトに結びつくようには思われないからです。テ形は、やはりチャンク(かたまり)で教えることが鍵であるように思います。

第10課では、自分の部屋について話せるようにします。自分の部屋について話せるようにするためには、「テレビと冷蔵庫があります。」「猫がいます。」のような「ある」「いる」を使った文を教える必要があります。つまり、自分の部屋について話すというタスクは、「ある」「いる」という存在を表す動詞と相性がいいということです。

第11課では、教室の中のことについて話せるようにします。教室の中のことについて話せるようにするためには、「マイクさんが勉強しています。」「窓が開いています。」のような「ている」を使った文を教える必要があります。つまり、教室の中のことについて話すというタスクは、「ている」というアスペクト形式と相性がいいということです。ちなみに、ここでも、テ形はチャンク(かたまり)で教えればいいのではないかと思います。

最後の第12課では、活用について説明し、普通形の作り方を教えます。第9課と第11課で扱ったテ形の作り方のルールも、簡単に説明してもいいかもしれません。そして、ここで普通形を覚えてしまえば、あとは、いろいろな助動詞や補助動詞や接続助詞を、必要に応じて述語に接続させていけるようになります。この第12課が、いわば初級文法と中級文法の分水嶺であり、ここを通り越しさえすれば、学習者たちは、ある意味、文法的には最低限の自立ができるようになります。

以上が、私が考える初級テキストの課の構成です。第1課から第11課までの間に、名詞文、形容詞・形容動詞文、指示語、動詞文、格助詞、タイ、マセンカ、マショウ、並立助詞、とりたて助詞、終助詞、テクダサイ、アル・イル、テイルが出てきますが、テ形をチャンクとして扱いさえすれば、これらは、すべて、活用や普通形を必要とせずに教えることができます。これらの他にも、第2課「家族紹介」で「〜ができる」、第9課「お願い！」でフィラーの「あのー」や接続助詞「から」「けど」や接続詞「だから」「でも」、第10課「私の部屋」で助数詞などを教えてもいいかもしれません。

第7章　中級文法について考える

文法や文型の教育というと、中級や上級の授業ではなく、初級の授業のことを連想する人が多いのではないかと思います。では、中級では、一体どのような文法を教えればいいのでしょうか。OPIのデータを眺めながら、中級の文法について考えていきます。

《タスク1》

「んです」という文法項目は、初級・中級・上級の中のどの段階で教えるべきものでしょうか。また、どのレベルで教えるべきかということは、どのようにして決定すればいいのでしょうか。

「んです」というのは、「明日は休みなんです」などという時の「んです」のことです。「明日は休みなんだ」の「んだ」も、「明日は休みなのだ」の「のだ」も同じものです。だから、これらを代表させて「ノダ」と書くことします。

「ノダ」という文法項目は、初級で教えられることが多いのではないかと思います。たとえば、代表的な初級テキストである『みんなの日本語』(スリーエーネットワーク)でも、「ノダ」は扱われています。しかし、初級で「ノダ」を教える根拠は何でしょうか。

OPIのデータを見てみると、初級話者や中級話者は、ほとんど「ノダ」を使っていません。それどころか、上級話者の「ノダ」の使用もそれほど多くはなく、超級になって、ようやく「ノダ」が安定して使われるようになります。次の表は、「んです」の出現頻度をOPIのレベル別に調べてみたものです。(「のだ」や「んだ」はカウントせず、「んです」のみをカウントしました。)

表1. 「んです」の出現頻度

レベル	初級	中級	上級	超級
「んです」の出現頻度	21	45	136	465

これは、初級話者9人、中級話者9人、上級話者7人、超級話者6人のOPIの文字化データを調査したものです(KYコーパスversion2(作成中))から抽出したものです。ちなみに、第3章でも同じデータを使っています)。データに使用した人数は、レベルが上がるにつれて少なくなるのですが、しかし、1回のOPIにおける発話量は、レベルが上がるにつれて飛躍的に多くなります。OPIの中で話された文字数も数えてみたら、初級話者9人が話した総文字数が「6404」、中級話者9人が話した総文字数が「18819」、上級話者が「30574」、超級話者が「40270」でした。初級話者が話した総文字数はさすがに少ないのですが、中級話者と上級話者と超級話者が話した総文字数は、だいたい「2：3：4」になっています。この「2：3：4」という数字を頭に入れて先ほどの表を眺めたとしても、超級話者の「ノダ」の使用が特に際立っていると言えるのではないかと思いますが、いかがでしょうか。

私は、この表から、「ノダの習得は、主に上級の段階で行なわれる」という結論を出してもいいのではないかと思います。つまり、超級になって安定して使用されるようになるということは、その直前の段階、つまり上級の段階で習得が行なわれていると考えられるのではないか、ということです。しかし、このように言うと、初級の授業でもっとしっかり「ノダ」を教えれば、初級の段階で「ノダ」が習得されて、中級の段階から自由に使えるようになるのではないか、また、問題なのは教師の教え方であって、どのレベルの学習者がどのような文法項目を使用しているかというようなことは、教える項目を決定する際には気にする必要のないことだ、などというような反論をされる方もいらっしゃるのではないかと思います。

どのレベルの学習者が使用しているかということによって、その文法項目を教える段階を決定すべきだ、という考え方の背後には、クラッシェンとテレルという2人の研究者が唱えた「自然順序仮説」があります。「自然順序仮説」とは、第二言語の習得には普遍的な順序が存在する、という仮説です。つまり、学習者が習得していく文法項目には一定の普遍的な順序があり、教師がいくら努力してもそれを覆すことはできない、ということです。この「自然順序仮説」を信じるなら、教師がいくら努力しても、決して初級では「ノダ」を習得させることはできない、ということになります。

また、「ノダ」は、前提となる事柄と関連させてXという事柄を述べる時に「Xのだ。」と発話する、ということが、これまでの文法研究によって明らかにされています。つまり、「ノダ」は、文外の何かと関連させて、ある文を述べる時に用いるものだということです。OPIでは、「単語」のコントロールしかできないのが初級、「文」のコントロールができるようになるのが中級、文を超えて「段落」のコントロールができるようになるのが上級、さらに「複段落」のコントロールができるようになるのが超級、と考えられています。ですから、当該の文以外の何かと関連させて当該の文を述べることができるのは、当該の文以外をもコントロールすることができるレベル、つまり、少なくとも上級以上のレベルであり、したがって、やはり、上級以上にならなければ「ノダ」を習得することはできない、ということになるのではないかと思います。

「自然順序仮説」に代表されるような第二言語習得研究と文法研究は、矛盾するものでも無関係なものでもなく、お互いに助け合うことができるものだと思います。今後は、両者の関係を密にして、あるべき文法教育の姿を探っていくことが必要なのではないでしょうか。

なお、「自然順序仮説」の詳細については、クラッシェン＆テレル(藤森和子訳)『ナチュラル・アプローチのすすめ』(大修館書店)などをご覧ください。

《タスク2》

前章までに示したデータを眺め、中級ではどのような文法項目を教えるべきか、考えてみてください。

前章までに示したデータを眺めてみると、中級で教えるべき文法とは「文と文とをつなぐための文法」だと思います。「文と文とをつなぐための文法」の代表は、接続助詞です。第6章の表1を見ると、接続助詞の中では、「〜が」「〜から」「〜し」「〜けど」の使用数が、上級で急上昇していることがわかります。

また、第2章の表2を見ると、助動詞「だ」と終助詞「よ」の使用が上級で急増しています。「だ」については、「〜だけど…」「〜だと思う」「〜だとしたら」「〜だし、〜だし…」などというように、単文と単文をつなげて複文を形成するために使用されているものでしょうし、「よ」については、「…ですよ、だから…」などというように、文と文とのつながりをよくするために使われていることが多いようです。これら、上級で使用数が急上昇している項目は、学習者が中級で身に付けて上級で使用する項目、つまり、中級における学習項目であると考えられます。

その他、「文と文とをつなぐための文法」ということに関して興味深いと思ったことに、「テイル」の出現の仕方があります。次の表2を見てください。表2には、テイルがどのような形で出現しているのかということを、レベル別に示してあります。使用したデータは、表1と同じです。

表2.「テイル」の変化形の出現頻度

文字列	初級	中級	上級	超級
ています・でいます	8	78	21	22
てます・でます	0	0	24	21
ている・でいる	0	8	28	50
てる・でる	0	3	53	80
ていました・でいました	0	5	0	0
てました・でました	0	0	10	6
ていた・でいた	0	0	3	7
てた・でた	0	3	20	41

実は、この表は、ただ単純に文字列を検索することによって作った表なので、特に「てる・でる」「てた・でた」などは、もしかしたら「照る」や「出る」ではないのか、という疑問も生じます。しかし、テイルの変化形の出現数という点に関して、中級話者と上級話者の違いの傾向を見出すことができるのではないかと思います。

「テイル」は、「ています・でいます」という形では、中級からかなりの数が出現しています。しかし、中級で出てくる「テイル」は、「ています・でいます」という形のみで、縮約形の「てます・でます」や、普通形の「ている・でいる」、その縮約形の「てる・でる」や、さらに「ていた・でいた」「てた・でた」などの出現は、ほぼ皆無です。しかし、上級になると、「ています・でいます」のみでなく、「てます・でます」「ている・でいる」「てる・でる」「ていた・でいた」「てた・でた」などが安定して出現するようになります。これは、どのようなことを意味しているのでしょうか。

まず、普通形の「ている・でいる」「てる・でる」が使用できるということは、「〜ている人」「〜てる物」などというような連体修飾節や、「〜ていると思う」「〜てるし」「〜ているから」などというような複文が形成できるようになっていることを示しているのではないかと思われます。また、「ていた・でいた」「てた・でた」が使用できると、たとえば「家を出た時には雨が降っていた」「韓国に帰ったら30歳を過ぎていた」などというように、出来事間の先後関係をうまく表すことができるようにもなります。

学習者は、まず、初級で「ています・でいます」のみを習得して中級になります。そして、中級では「てます・でます」「ている・でいる」「てる・でる」「ていた・でいた」「てた・でた」などを習得することによって、文の隅々にまで神経をいきわたらせ、文と文とを楽につなぎ合わせることができるようになるのではないでしょうか。つまり、テイルの変化形は中級の学習項目であり、それを習得することによって上級へと能力が伸びていくのでないかということです。

さらに、上級には、中級で出現していた「〜たいです」「好きです」「いいです」などの使用数が減り、そのかわり、「〜たいと思います」「〜ようと思います」「いいと思います」などが出現してくるという特徴もあるようです。つまり、中級話者の発話は「表出」的であり、上級話者の発話は「述べ立て」的であるということです。私が調べたデータの数が少なかったためか、そのことをダイレクトに示せるような証拠をここで挙げることはできないのですが、第3章の《タスク2》で示した上級の文字列ベスト5(22ページ)を見ると、「おもいま」が第3位、「とおもい」が第5位に入っています。つまり、上級話者は「思います」という語をよく使うということなんですが、そのことが、１つの傍証になっているのではないかとは思います。

接続助詞の「～が」「～から」「～し」「～けど」、助動詞「だ」、終助詞「よ」、また、「ています」の変化形など、ここで挙げた項目は、どれも『みんなの日本語』に登場しているものです。「～が」「～から」「～けど」「～し」などは、もともと文と文とをつなぐためのものですが、「だ」「よ」や「ている」の変化形は、何かと何かをつなぐため、というような意識で教えられてはいないと思います。また、「思います」も、表出的な発話を述べ立て的なものにする、というような意識で教えられているわけではないと思います。初級テキストですでに登場している文法項目でも、中級では少し視点を変えて教える必要がある、ということなのかもしれません。

第8章　上級文法について考える

初級、中級から上級へと進むにつれて、文法から語彙へ、作られた教材から生教材へ、技能をあまり意識しない教え方から技能別の教え方へ、というように変化していきます。さて、そんな中、上級では一体どのような文法項目を扱えばいいのでしょうか。

《タスク 1》

みなさんのまわりに、ものすごく日本語が上手な外国人はいますか。また、その人が話す日本語には、どのような特徴がありますか。

「はじめに」にも書きましたが、私がOPIデータの分析を行なうようになったきっかけは、OPIの恩師である牧野成一先生(プリンストン大学)が、「『まあ』という言葉がうまく使える被験者は『上級―中』以上です！」とおっしゃったことにあります。それを聞いた時は「ホンマかいな…」と思ったのですが、それ以後、自分がOPIを行なう時にも、被験者が言う「まあ」が非常に気になるようになり、確かに「まあ」が自然に使えている被験者は「上級―中」以上ではないか、と思えてきました。それで一念発起し、実際にOPIデータを調べてみようと思ったわけです。

さて、牧野先生のおっしゃるとおり、「まあ」が使えている被験者は、本当に「上級―中」以上なのでしょうか。超級のアンモナイト形態素であろうと思われる形態素を、第2章の表3で示したのですが、そこには、残念ながら「まあ」はありませんでした。ですから、第2章の表3に、「まあ・ま」と、さらに、「まあ・ま」と同じような出現パターンを示していた「そういう」を加え、以下に、表1として示します。

使用データは、第2章の表3と同じもの、つまり、初級話者15人分、中級話者14人分、上級話者12人分、超級話者15人分のOPIデータ(KYコーパス version1.1から抽出したもの)を使用しています。

表１．超級に頻出する形態素

	初級	中級	上級	超級
こう	1	2	1	173
けれども	0	1	8	104
っていう	1	2	10	164
そういう	0	17	28	231
まあ・ま	8	12	90	315

「こう」「けれども」「っていう」が超級になって急に頻出するようになることは、第２章でも見たとおりですが、いかがでしょうか、「まあ」は「上級―中」以上で使用されている、と言っていいような数値になっているのではないでしょうか。さすが、牧野先生ですね。

この表に挙がっている「こう」「けれども」「っていう」「そういう」「まあ」は、主に超級話者の発話に頻出している形態素、つまり、上級学習者が上級レベルでこれらを習得し、超級になってしっかり使えるようになる形態素だと考えられます。次の発話は超級話者のものですが、これらの語がいくつも現れています。

（１）　まあ年になるとですね、特別にそういう条件というよりも、私のことが好きで、やっぱりこう性格とかですね、なんというかこう、フィーリングっていうんですか、そういうのをまあ、大事にしたいんですね、家族家柄がどうだとかですね、まあ学歴とかそういうことよりは、

いかがでしょうか。いかにも超級っぽい、という感じがしませんか。この発話の中には、「こう」「っていう」「そういう」と「まあ」が使用されています。「こう」「っていう」「そういう」「まあ」以外にも、「まあ年になるとですね」「やっぱりこう性格とかですね」に見られるような間投助詞的な「ですね」も、超級らしい語ではないかと思います。さらに、「～まして」「～でして」というようなデス・マスのテ形も、いかにも超級だ、というような感

じがするのではないかと思いますが、いかがでしょうか。

この発話の中には「けれども」は出て来ませんでしたが、「けれども」に関しては、非常に興味深い現象があります。どういう現象かというと、「けれども」は超級からしか出現しないが「けど」は中級からかなりの数が出現する、という現象です。第2章の表1を見ればわかるように、「けど」は、中級からかなりの数が現れています。つまり、「けど」は早ければ初級で習得されるが、「けれども」は主に上級で習得されるということです。我々日本語教師は、「けど」と「けれども」をほとんど同一のものとして扱ってしまっているのではないかと思いますが、学習者にとってみれば、「けど」と「けれども」は習得する段階が非常に離れている、まるきり違う接続詞だ、ということになります。

ところで、「こう」「けれども」「っていう」「そういう」「まあ」は、なぜ超級からしか出現しないのでしょうか。それを知るためには、今後、これらの語の用法を詳しく研究していく必要がありますが、おそらく、上級以降でなければ習得できないような、何か複雑な用法上の制限があるのではないかと思います。

《タスク2》

「こう」「けれども」「っていう」「そういう」「まあ」以外にも、いかにも超級だ！と思わせるような表現はあるでしょうか。思いつくものを挙げてみてください。

中級では「〜たいです」「好きです」「いいです」というような表出的な発話が多いが、上級になると「〜たいと思います」「〜ようと思います」「いいと思います」というような述べ立て的な発話が多くなる、ということを、前章で書きました。述べ立て的な発話を行なう際の鍵となり、上級で頻繁に使われるようになる「思う」が、さらに超級ではどのように使われているのかということを、まずは見てみたいと思います。

次の表2は、「思います」と「思うんです」の各レベルでの出現頻度を比較したものです。

表 2.「思います」と「思うんです」の出現頻度

	初級	中級	上級	超級
思います	3	17	53	55
思うんです	0	0	6	56

表 2 は、初級話者 9 人、中級話者 9 人、上級話者 7 人、超級話者 6 人の OPI データをまとめたものです(第 3 章で用いたのと同じデータです。つまり KY コーパス version2(作成中)から抽出したものです)。この表から、「思います」の使用が上級で増え、「思うんです」の使用が超級で増えていることが読み取れます。つまり、上級では「思います」しか使うことができないのですが、超級になると「思います」と「思うんです」の使い分けができるようになるということです。

前章でも書きましたが、「んです」は、前提となる事柄と関わりがあることを意識して述べる場合に用いられる、と言われています。たとえば、「日本経済は回復すると思う」ということを、何か前提となる事柄と関連させて述べたい時に「日本経済は回復すると思うんです」と述べる、ということです。

では、「前提となる事柄」とは一体何なのでしょうか。「前提となる事柄」とは、この場合なら、「日本経済は回復すると思う」ことの「根拠」なのではないかと思います。「日本経済は回復すると思うんです」と発話したとすると、この直後に「というのは、…」と続けて「日本経済が回復すると思う」根拠を述べるか、あるいは、この直前に、「…という事実があります。だから、」などという前置きをして、やはり、その根拠を述べたくなるのではないかと思いますが、いかがでしょうか。つまり、「〜と思うんです」と発話するからには、そう思うに至った根拠も同時に述べなければいけないということです。

OPI では、超級話者であると認定されるためには、「意見を裏づけられる」こと、そして、「複段落で話せる」ことが必要だと言われています。「思うんです」という語がうまく使えるということは、根拠を述べること、すなわち意見を裏づけることができることを意味していますし、また、意見を裏づけるということは、意見を述べ、そして、その根拠も述べるわけですから、必然的に複段落で話すことにもつながるだろうと思います。

OPIでは、超級であるか否かを決定する際に、「意見を裏づける」という機能遂行能力や、「複段落で話す」という談話構成能力がどの程度あるのか、という"大きな"ことを重視します。一方、「思うんです」がどのように使われているかというような"小さな"ことには、あまり目を向けません。しかし、「思うんです」という"小さな"ものを見ているだけでも、機能遂行能力や談話構成能力という"大きな"ものが見えてくる可能性があるわけですから、「思うんです」のようなキーワードにももっと注目すべきだと思います。そうすれば、OPIの判定も、もっと楽になるでしょうね。

また、上級の日本語クラスにおいても、「思うんです」や《タスク1》で見た「こう」「けれども」「っていう」「そういう」「まあ」のような、超級であることを特徴づける文法項目の教育を、意識して行なうべきだと思います。

《タスク3》

《タスク1》《タスク2》で見てきたことなども考慮に入れて、上級ではどのような文法項目を教えるべきか、考えてみてください。

《タスク1》《タスク2》で見てきた「こう」「けれども」「っていう」「そういう」「まあ」「思うんです」などは、初級から上級までの段階ではあまり出現せず、超級に近づくと突如として大量に出現するという、極めて超級的な表現だったわけですが、これら以外にも、これほど極端な出現の仕方ではないのですが、主に超級で出現するという語があります。出現数に関する具体的なデータは、ここでは示しませんが、どのような語があるのか、以下にリストアップしていきたいと思います。

まず、複合格助詞の「という」「って」「として」です。これらは、主に超級で出現していますので、上級で習得されて超級で使われる語だ、と考えていいのではないかと思います。

次に、助動詞の「られる」と「のだ」です。特に「のだ」は、超級でかなりの数が出現します。先ほど述べた「思うんです」や「んですけど」などの出現もかなり多く、「のだ」を他の語とうまく組み合わせて使うことは、上級話者が超級になるために必須のことであると言えるようです。また、「ようだ」「みたいだ」は中級から出現しますが、上級、超級と進むにつれて少しずつ使用数が増え、超級で安定して使用されるようになります。

補助動詞の「てしまう」「てみる」「ていく」「てくる」「てある」、接続助詞の「ので」「ば」「と」も超級で多く使用されるようになります。接続詞と待遇表現は、全体的に超級での使用が目立ちます。フィラーの「なんか」「そのー」の使用も超級で急上昇します。これらも、学習者が上級で身につけ、超級になって安定して使用する語ではないかと思われます。

ここまで、第４章〜第８章では、初級、中級、上級それぞれの文法について見てきました。しかし、提示できた文法項目の数は、それほど多くなかったですし、それに、学習者のプロフィシェンシーに基づいた、新しい文法シラバスを作るということを考えると、ここまでで行なってきた方法だけでは、そもそも不十分なのです。なぜかと言うと、既存の文法項目に関する分析しか行なっていないからです。既存の文法項目を見ているだけでは、学習者が真に必要とする、新たな文法項目を探り当てることができません。もちろん、第3章で紹介したＮグラム統計などは、まだ誰も注目していない、新たな文法項目を見つけられる可能性のある、非常に有望な手法の１つです。しかし、もう少しダイナミックに、学習者の言語活動の中で文法を見ていくべきだと思います。次章以降、第２部では、「文法とは言語活動の遂行を支えるためのものだ」という考え方に基づき、「学習者が行なう可能性のある言語活動を洗い出し、そこで必要となる文法項目を探っていく」という方法で、日本語教育における文法シラバスについて考えていきます。

column 1

誤用

ある留学生に「先生、交差点でお茶を飲みませんか？」と誘われたことがあります。これは、明らかに「喫茶店」の間違いですよね。また、うちでパーティーをした時に、タイの女子学生が「ただいま！」と言って私の家に入って来たことがありました。家に帰った時には「ただいま」と言う、と授業で習ったことから類推し、「ただいま！」と言ってくれたのかもしれません。当時独身だった私は、少しドキドキしてしまいました…。また、授業の後で、みんなで飲みに行こうということになった時に、「銀行に行ってお金をとってきます！」と言って、銀行に走って行ったアメリカの学生がいました。これでは泥棒になってしまいますが、しかし、「家に帰ってお金をとってきます」ならまったく問題はないですよね。なぜ、銀行だと変な文になってしまうのでしょうか。

1年間のコースが終わり、修了式の時に「山内先生のような立派な先生にオソワレテうれしかったです」とスピーチをした学生がいました。誤解を招くようなことをスピーチで言うのは、ちょっと勘弁してほしいですよね。また、「先生のお子さんならカワイソウですね」と言われたこともありました。「おいしい→おいしそう」「おもしろい→おもしろそう」「かわいい→かわいそう」という語形の変化を考えると、言わんとすることを理解することはできますが、しかし、「確かにかわいそうかもしれない…」と、つい考え込んでしまいました。他にも、「彼女の眼がギラギラ光ってきれいでした」(こわいぞ！)、「雷がコロコロ鳴ってこわかったです」(かわいいよ！)などと突っ込みたくなることもよくあります。

留学生たちの日本語の誤用には、くすっと笑ってしまうようなかわいらしいものもありますが、言葉の使い方のルールを改めて考えさせられるものもあります。ある留学生に「先生、夏休みが近寄ってきましたね」と言われたことがあります。なぜこの文が不自然なのか、考えてみてください。

第2部　言語活動から見た文法

文法とは、言語活動の遂行を支えるためのものです。だから、文法を教える時には、まず最初に、学習者の言語活動に注目しなければなりません。学習者の言語活動を重視して授業を行なうと、学習者のプロフィシェンシーが向上します。しかし、それだけではなく、実は、もっといいことがあります。学習者の言語活動に注目すると、学習者が本当に必要としている文法シラバスを作ることができるのです。第2部では、言語活動と文法の関わりについて考えていきます。

第９章　言語活動から見た文法

文法とは言語活動の遂行を支えるためのもの。それが、文法の本来の姿だと思います。なぜ日本語教師は文法を教えるのか。日本語学習者にとって文法は本当に必要なものなのか。第２部の導入として、本章では、文法を教える原点、文法を学ぶ原点を考えてみたいと思います。

《タスク 1》

日本語の授業では、なぜ「が」「を」「に」などの助詞を教えるのか。また、なぜ「受身」や「使役」を教えるのか。なぜ学習者に文法を教える必要があるのか、考えてみてください。

「文法を知らないと正しい日本語が話せないから」と思われた方。まったく同感ですし、ある意味、それが正しい答えだと思います。しかし、「文法的に正しくなくても言いたいことが伝わればいいじゃないか」という考え方もあるだろうと思います。それも、納得できる考え方です。では、この２つの考え方に対して、どのように折り合いをつけていけばいいのでしょうか。

要は、「正しい日本語を話す」と「言いたいことが伝わる」という２点のどちらが大切なのか、ということです。その正解は「言いたいことを伝えるために正しい日本語を話す」だと思います。つまり、言いたいことが伝わっているのなら、文法的には不正確でもかまわないわけです。しかし、文法的に不正確であるがために言いたいことが伝わっていない、というのはよくないわけです。「言いたいことを伝える」のが目的で、「正しい日本語を話す」のは、そのための手段だと考えればいいのではないかと思います。

具体的な例を示します。次の４つの文を見てください。Ａさん、Ｂさん、Ｃさん、Ｄさんという４人の日本語学習者が、それぞれ以下の文を話したと考えてください。

Ａさん「ジョンが走った。」
Ｂさん「ジョンが走りた。」
Ｃさん「ジョンがた走る。」
Ｄさん「がジョンた走る。」

まず、Ａさんの日本語は、まったく問題はありませんよね。次のＢさんの日本語は、少し不自然です。どこが不自然かと言うと、「走る」という動詞の活用が間違っています。しかし、このぐらいの間違いなら、Ｂさんが言いたいことは完全に聞き手に伝わるだろうと思います。少し難しい言い方をすれば、ジョンの行動を聞き手に伝えるという「言語活動」がＢさんには遂行できている、ということです。

Ｃさんやﾄﾞさんの日本語も、Ｂさんの日本語と同様、文法的に不正確なのですが、不正確さの程度がまったく違うように感じられます。このぐらい不正確になってしまうと、ＣさんやＤさんの言いたいことは、聞き手には伝わらなくなってしまうのではないかと思います。（つまり、活用の間違いよりも語順の間違いの方が罪が重い？　ということです。）これも、少し難しい言い方をすれば、ジョンの行動を聞き手に伝えるという「言語活動」がＣさんとＤさんには遂行できていない、ということです。なぜ、ジョンの行動を聞き手に伝えるという「言語活動」が遂行できていないのかというと、文法的にあまりにも不正確だからです。

重要な点は、以下の２点です。第一は、文法的な正確さにも程度の差があるということです。第二は、文法的な不正確さが、話し手が行なおうとしている言語活動を阻害することもあればしないこともある、ということです。日常生活におけるコミュニケーションを考えた場合、言語活動の遂行に支障をきたさないような文法上の不正確さは重要ではなく、一方、言語活動の遂行に支障をきたしてしまうような不正確さは非常に重要である、ということが言えるのではないでしょうか。つまり、「文法とは言語活動の遂行を支えるためのものだ」ということです。ですから、冒頭のタスクに対する解答は、「文法を教えるのは、学習者の言語活動を円滑に行なわせるためだ」ということになります。

《タスク２》

次の２つは、２人の学習者の発話を文字化したものです。どちらの日本語能力の方が高いと思いますか。

Ａさん：あー、あのー、遅い時間に起きます｛笑い｝、8時40分、ぐらい、それで、服着て、歯磨いて、あー、あん、学校に行きます、と、授業が終わってから、あん、あー、あのー毎週3回、あん、テニス、クラブがあるので、テニスに行きます、でも、テニス、以外、ときは、散歩、行きます、それだけ、です。

Ｂさん：あのー船で、あのー、ロープ、で、あのー、待って、待ってて、船は、あのー早くてー、スピード、スピードして、あのスキスキーに入っていますね、あのー、水に入り、あの入っていますね、でも、あの船は、あのたぶん、40キルで、あのー行ったら、あのー、上に行きます、ドゥドゥドゥ｛笑い｝わかりましたか。

さて、ＡさんとＢさん、どちらの方が日本語能力が高いと思われたでしょうか。Ａさんの方が高いと思われた方の方が多いような気がします。しかし、Ｂさんの方が高いと思われた方もいらっしゃるでしょうし、どちらとも決めがたい、と感じられた方もいらっしゃるのではないかと思います。

ところで、この２人が、それぞれ何について話しているか、わかりましたでしょうか。Ａさんは、毎日どのような生活をしているのか、つまり、日課について話していますよね。一方、Ｂさんは何について話しているのでしょうか。Ｂさんは、自分の趣味である水上スキーの説明をしています。しかし、Ｂさんが何を話しているのかまったくわからない、と感じられた方も、たぶんいらっしゃるでしょうね。

実は、ＡさんとＢさんの日本語能力は、ほぼ同じです。OPIの結果は、どちらも「中級—中」でした。どちらも「中級—中」という、同じ能力を持っているにもかかわらず、発話のわかりやすさがこれほど違うというのは、一体どういうことなのでしょうか。なぜ、Bさんの方が、発話の正確さの度合いが明らかに低いように感じられるのでしょうか。

2人が行なっている言語活動の難易度が違うから、というのがその答えです。Aさんは「日課について話す」という言語活動を行なっており、Bさんは「水上スキーについて説明する」という言語活動を行なっています。この両者を比べてみると、「水上スキーについて説明する」という言語活動の方が明らかに難しいだろうと思います。

AさんとBさんの言語能力はほぼ同じ、つまり、AさんとBさんは、ほぼ同程度の「正確さ生成能力」を持っているはずなのですが、行なう言語活動の難易度によって、表れてくる発話の正確さがまったく違ってしまっています。ということは、難易度の高い言語活動ほど、文法的な正確さがよりシビアに要求される、ということです。

《タスク1》のところで、「文法とは言語活動を円滑に行なわせるためのものだ」ということを述べましたが、言語活動が高度になればなるほど、必要とされる文法も高度になっていくということです。「中級—中」程度の文法能力では、「日課について話す」という言語活動は遂行できても、「水上スキーについて説明する」という、やや難度の高い言語活動はスムーズに遂行することができないのだろうと思います。

《タスク3》

「文法とは言語活動を円滑に行なわせるためのものだ」という観点から、シラバスはどのようなものであるべきなのか、考えてみてください。

「This is a pen.」が英語教育の第一歩だ、などと言われることがあります。冗談交じりに言われることが多いのではないかと思いますが、しかし、日本語の初級のテキストは、「This is a pen.」や「I am a boy.」に当たる「これは鉛筆です。」や「私はマイクです。」などで始まっているものが多いです。これらは、述語が「名詞＋です」という形になっているので、名詞文と呼ばれています。

初級のテキストでは、名詞文のあとに動詞文・形容詞文・形容動詞文が登場し、次に、テ形・ナイ形・辞書形・タ形など動詞の活用形、さらに、「〜てから」「〜る前に」「〜と」「〜たら」などの簡単な接続表現、そして、ヨウダ・ソウダ・ラシイなどのモダリティに関わる表現、テアル・テオク・テミルなどの動作の局面に関わる表現、受身・使役などのヴォイスに関わる表現、というように続いていきます。多少の順番の違いはありますが、どのテキストも、だいたいこのような項目を扱っていると言えます。

しかし、このようなシラバスが学習者の日本語の習得順序を反映したものでないことは、本書の第４章〜第６章で見てきたとおりです。特に、第６章では、従来の初級文法を、活用を分水嶺とし、活用の習得を前提としない文法(丁寧形の文法)と活用の習得を前提とする文法(普通形の文法)の２つに分けることを提案しました。活用というのは、学習者にとっては習得が厄介なものであるわけですから、活用の習得を前提としない文法は、学習者にとっては簡単なはずであり、一方、活用の習得を前提とする文法は困難なはずです。だから、簡単な文法(丁寧形の文法)を先に教え、難しい文法(普通形の文法)を後で教えることが重要です。

そして、「文法とは言語活動を円滑に行なわせるためのものだ」ということを考えると、文法項目が表に出たテキストよりも、「日課について話す」「水上スキーについて説明する」「原発の是非について議論する」というような言語活動を表に出したテキストの方が望ましいだろうと思われます。しかも、それぞれの言語活動は、難易度の低いものから高いものへと、順序良く配列されている必要があります。

しかし、言語活動が難易度順に配列されているだけでなく、文法も、丁寧形の文法から普通形の文法へというように、難易度の低いものから高いものへと配列されていなければならないのです。しかも、文法は、言語活動と独立して存在するのではなく、言語活動を支える形で存在していなければ意味がありません。つまり、言語活動が「易」から「難」へと順序良く配列されているのみでなく、文法も「易」から「難」へと順序良く配列されており、しかも、両者が独立して存在しているのではなく、文法が言語活動を支えるような形で存在している…。これが、学習者にとっての理想のテキストであり、理想のシラバスなのではないでしょうか。

《タスク 4》

「言語活動」と「文法」がお互いに関連し合う形で「易」から「難」へと配列されているという“理想のテキスト”は、一体どうすれば作ることができるのでしょうか。その作り方を考えてみてください。

テキストを作る時に最も大切なことは、シラバスを策定することです。では、「言語活動」と「文法」がうまく関連しあっているシラバスとは、一体どのようにして作ればいいのか…。

私は、このようなシラバスを作るために、2つの方法を準備しました。1つめは、実際に行なわれたOPIを文字化し、どのレベルの被験者がどのような文法的形態素を用いて言語活動を行なっているのかを、丹念に見ていくというものです。その際には、コンピュータの力を借りると非常に効果的です。

もう1つの方法は、まず最初に言語活動を難易度順に並べ、次に、それぞれの言語活動の遂行を支えているであろうと思われる文法項目をピックアップしていく、というものです。言語活動を難易度順に並べていくためには、OPIのガイドラインが非常に役に立ちます。

本書の第1部では、前者の方法について述べました。第2部では後者の方法について述べていきます。

第10章　学習者の言語活動

前章では、文法は言語活動を支えるためのものだ、ということを説明しました。この章では、学習者が行なう言語活動について述べます。文法とは直接関係がないように見えるかもしれませんが、文法教育を考えるための出発点になる、重要なものです。

《タスク１》

学習者の日本語能力は、ドリルやパターンプラクティスによって向上していくのでしょうか。学習者の日本語の習得が何によって引き起こされるのか、考えてみてください。

第二言語の習得がどのようにして起こるのかという問題は、私たち日本語教師にとっては非常に興味深い問題です。ナチュラル・アプローチという外国語教授法がありますが、たとえば、ナチュラル・アプローチでは、言語習得の起こり方はただ１つしかなく、それは「伝達内容を理解すること」だと言われています。つまり、「聞いて理解する」という言語活動を行なうこと自体が、言語活動の遂行能力を向上させるのだということです。（ナチュラル・アプローチの詳細については、クラッシェン＆テレル（藤森和子訳）『ナチュラル・アプローチのすすめ』（大修館書店）などをご覧ください。）

その事柄を行なうこと自体がその事柄の技能の向上につながる、という例は、私たちのまわりにいくらでも存在します。たとえば、スポーツはほとんどそうです。テニスラケットを一度も握ることなく、テニスの本を読むだけでテニスの能力が向上するということはまずありません。実際にテニスをするからこそ、テニスの能力が向上するのです。車の運転もそうです。実際に車の運転を行なうことによって、車の運転の能力が向上していきます。また、企業ではOJT（On the Job Training）という言葉がよく使われますが、これもまさに、その仕事をすること自体が、その仕事を行なう能力を高めることにつながる、という例だと言えるでしょう。

このような考え方に対して、「日本語を聞く」という言語活動を行なってさえいれば日本語が習得できるのか、ドリルによる文型練習なども日本語の習得に一役買っているのではないか、というような反論もあるでしょう。しかし、日本語習得の根幹を支えるものが、日本語で言語活動を行なうことであるということは、間違いのないことだろうと思います。

また、ナチュラル・アプローチでは「聞く」ということを特に重視しているのですが、私は、「聞く」ことだけでなく、「話す」「読む」「書く」においても、やはり「話す」「読む」「書く」という言語活動を行なうこと自体が、「話す」「読む」「書く」という能力の形成に直結しているのではないかと思います。つまり、日本語の習得は、日本語による言語活動を実際に行なってみることによって起こるのであって、ドリルやパターンプラクティスは、あくまでもその補助でしかない、というのが、《タスク1》の1つの答えになります。

ちなみに、OPIも、言語活動を実際に行なわせてみるというテストです。普通、テストというと、受験者の知識を問うものと思われがちですが、OPIは受験者の言語知識を問うものではなく、受験者に「話す」という言語活動を行なわせ、その出来具合をみて、「初級─下」から「超級」までのいずれであるかという判断をします。その意味で、OPIは、言語活動ベースのテストであると言えます。

《タスク2》

みなさんが教えている日本語学習者、あるいは、みなさんのまわりにいる外国人が、日頃どのような日本語の言語活動を行なっているのか、リストアップしてみてください。

実際に言語活動を行なってみることが日本語能力を高めることにつながるのだ、ということを《タスク1》で述べました。次に問題になるのが、では、どのような言語活動を学習者に行なわせればいいのか、ということです。

その答えは、学習者が実際の生活の中で行ない得る言語活動を行なわせるのがいい、ということになるだろうと思います。つまり、学習者が教室の外で行ない得る言語活動を調査し、それを教材化して学習者に練習させる、というのが、理想的な日本語教育の方法なのではないかということです。

さて、そこで、《タスク2》が問題になるわけです。みなさんが教えている学習者は、普段、どのような言語活動を行なっているのでしょうか。ある大学で集中講義を行なった時に、その大学の学部留学生がどのような言語活動を行なっているのかということを、アンケートのような形で調べてみましたので、その一部を、ここでご紹介したいと思います。

「話す」「聞く」「読む」「書く」という言語活動のうち、特に、「話す」活動について調べたのですが、その大学の学部留学生は、だいたい、【大学(事務など)】【授業】【友人】【サークル】【アルバイト】【日常生活】という６つのカテゴリーに属する言語活動を行なっていることがわかりました。

【大学(事務など)】

・生協で注文した本が来たかどうかを確認する。

・学習室でパソコンの順番を代わってもらう。

・学割発行の機械が故障し、事務員と話をする。

・履修登録が間違っていたので、事務室に話をしに行く。

【授業】

・指導教官に研究計画を説明する。

・発表に対して意見を言う。

・校外学習で老人ホームに行き、お年寄りと話す。

・校外学習で養護学校に行き、そこの子供と話す。

【友人】

・履修登録を手伝ってもらう。

・レポートの内容を電話で伝える。

・車で迎えに来てくれるように頼む。

・テレビ番組の感想を話す。

【サークル】

・部室でクラブコンパの準備を手伝う。

・サークルの飲み会の幹事をし、店の人と交渉する。

・入学式帰りの新入生をサークルに勧誘する。

【アルバイト】

・面接希望の電話をする。

・客に料理のコースの説明をする。

・苦情を言う客に対応する。

【日常生活】

・携帯電話の店で携帯電話の機種変更をする。

・美容院／床屋で髪型を説明する。

・服屋でほしい服の説明をする。

・市のボランティアグループに招待され、自国についての話をする。

いかがでしょうか。みなさんが教えている学習者の言語活動と、よく似たものになっているでしょうか。大学で勉強している留学生の場合は、だいたい同じような言語活動をしているかもしれませんが、それ以外の機関で勉強している学習者だと、かなり違ったものになっているかもしれませんね。

ちなみに、うちの大学(実践女子大学)の留学生の言語活動についても、徹底的に調べてみたことがあります。何のために調べたのかと言うと、日本語コースのシラバス作成の参考にするためです。参考資料として巻末に掲げておきますので、興味のある方はご覧になってください。

次に、ドイツのVHSというカルチャーセンターのような機関で日本語を学んでいる学習者たちの言語活動をご紹介します。2003年3月にドイツのハノーバーで開かれた「ドイツVHS日本語講師の会」の研修会でアンケートを行ない、ドイツVHSの日本語学習者が、どのような日本語の言語活動を行なっているのかを調べました。その結果、ドイツVHSの日本語学習者は、【日本食レストランなど】【日本人観光客】【日本人の友人】【日本人留学生】【日本人コミュニティ】【日本領事館など】【日本企業】【在日の機関】という、日本の大学で学ぶ学習者とはまったく異なるカテゴリーに属する言語活動を行なっていることが明らかになりました。

【日本食レストランなど】

・日本食レストランで日本人の店員に料理の感想を言う。
・日本食料品店で寿司に必要な食材を日本人の店員に尋ねる。
・日本人観光客用の店で日本人の店員に話しかけ、買い物をする。
・日本食レストランでアルバイトをし、日本人客から注文をとる。

【日本人観光客】

・地図を持って困っている日本人観光客の道案内をする。
・電車で偶然に乗り合わせた日本人と話す。
・日本人用のパックツアーに参加して参加者と話をし、友達になる。

【日本人の友人】

・日本人の友人とドイツのカードゲームで遊ぶ。
・日本から来た市電が走っているので、そのことを説明する。（広島市で使われていた市電が、姉妹都市であるハノーバーでも使われており、その市電には日本語の文字が書かれている。）
・日本語の文字が書かれているポスターがあるので、どういう意味か聞く。（「走れぐず共」という見出しのあるオリバー・カーンのポスターが貼られていた。）

【日本人留学生】

・日本人留学生とドイツと日本の社会事情について話す。
・ドイツ語を学びに来ている日本人と交換教授をする。

【日本人コミュニティ】

・日本人学校のバザーで日本人と話をする。
・日本人クラブで、ドイツ料理の講習会をする。
・日独協会の催しに参加し、在独日本人と話す。

【日本領事館など】

・領事館や国際観光振興会に行って、日本人職員に質問する。

・領事館に行ってビザをもらう。

【日系企業】

・仕事で訪れた日本人のお客さんを接待する。

・日本のメッセで自社製品のプレゼンテーションをする。

【在日の機関】

・電話でホテルの予約をする。

・大学等の機関に電話をして、入学案内などの情報を入手する。

ドイツ以外で教えている先生方にとっては、ドイツ VHS の学習者の例を示しても、あまり意味がないかもしれませんが、これらを見れば、学習者が変わると言語活動もまったく異なったものになる可能性がある、ということは明らかなのではないかと思います。

学習者の言語能力を高めるためには、実際に言語活動を行なわせることが重要なのですが、その言語活動は、学習者によってまったく異なるものになる可能性があります。前章で説明したように、文法は、言語活動の遂行を支えるためのものですから、言語活動が変わると、そこで必要とされる文法も変わってくる可能性があります。教えるべき文法が最初にあるのではなく、学習者が行ない得る言語活動がまず最初にあり、その言語活動の遂行のために必要となる文法を教える、というのが、望ましい文法教育の考え方だと思います。

なお、ここで紹介したドイツ VHS の日本語学習者の言語活動については、以下の文献①に基づいて書きました。また、文献②〜④は、インドネシアにおける日本語学習者の言語活動、日本における日本語学習者の言語活動、日本における日本人学生の言語活動を、それぞれまとめたものです。文献⑤は、web で配信されているものですが、日本における日本語学習者の 870 種類の言語活動と教材が収録されているという優れものです。また、文献⑥は、ブルガリアで出版されているので、日本では手に入りにくいかもしれませんが、ブルガリアとルーマニアにおける言語活動を洗い出し、それに基づいて作った会話テキストです。興味のある方はご参照ください。

① 山内博之(2004a)「言語活動の目録化と教材バンク作成の指針―ドイツVHSの学習者を例にして―」『南山大学国際教育センター紀要』4号、南山大学国際教育センター
② 田尻由美子(2006)「インドネシアにおける言語活動―中部ジャワ地域を例とし地域に根ざした教材バンク作成に向けて―」『岡山大学言語学論叢』12号、岡山大学言語学研究会
③ 田尻由美子(2008)「実践女子大学留学生の言語活動―『話す』活動を中心に―」『実践女子大学外国語教育センターFLCジャーナル』3号、実践女子大学外国語教育研究センター
④ 由井紀久子(2005)「日本語教育における『場面』の多義性」『無差』12号、京都外国語大学日本語学科
⑤ 国際日本語普及協会(AJALT)『リソース型生活日本語』(webで配信)
⑥ 「キリル・ラデフ」ブルガリア日本語教師会・ルーマニア日本語教師会・山内博之(2007)『ロールプレイで学ぶ日本語会話―ブルガリアとルーマニアで話そう―』Petko, Slavov, AS Ltd

column 2

日本語教師の専門性

「日本人だからといって日本語が教えられるわけではない」ということをよく聞きます。わざわざこのように言われるということは、これとはまったく逆の「日本人なら誰でも日本語が教えられる」という考え方もあるということです。あなたは、どちらの考え方を支持しますか？

私も、いちおう日本語教師の端くれなので、「日本人だからといって日本語が教えられるわけではない」と信じたいのですが、しかし、世間の人々から「日本人なら誰でも日本語が教えられる！」と主張された時に、どのように反論すればいいのでしょうか。たとえば、日本語教師と外科医を比べてみてください。日本語教育の経験がまったくなかったとしても、“能力のある、ちょっと気の利いた日本人”なら、日本語の授業(特に、中・上級クラス)をかなりうまくこなしてしまう可能性があるのではないかと思います。一方、盲腸炎の手術は、“能力のある、ちょっと気の利いた日本人”でも絶対に不可能です。弁護士や通訳なども同様だと思います。裁判のための資料を手渡されて法廷に立たされたとしても、弁護士の仕事をうまくこなすことは無理ですし、いきなりドイツ人やイタリア人が目の前に現れたとしても、通訳をするなどということは、私にはまったく不可能です。

問題は、普通の日本人が絶対に持っていない特殊技能をどうすれば身につけられるのか、また、そもそも、普通の日本人が絶対に持っていない日本語教師の特殊技能とはどのようなものなのか、ということです。誰が見ても「すごい！」と思う日本語教師を 10 人ほど選び、その人の能力や授業の方法などを徹底的に分析してみれば、そのような特殊技能がどのようなものなのか、わかってくるかもしれません。外国人学習者のことを大切に思う気持ちこそが、日本語教師にとって最も大切なものだとは思いますが、人とは明らかに違う、日本語教師としての特殊な能力・技能を身につけていきたいものだと思います。

第11章　言語活動のタスク化

学習者が行ない得る言語活動を探り、それをタスク化して学習者に行なわせ、タスクを遂行する際に必要となる文法を教える。それが、日本語教育における文法教育の王道ではないかと思います。この章では、言語活動をタスク化する際のルールについて説明します。

《タスク 1》

「タスク」というと、どのようなものを思い浮かべますか。日本語学習者に与えるタスクとはどのようなものか、考えてみてください。

「タスク」という言葉を聞くと、コミュニカティブ・アプローチのことを思い出される方が多いのではないかと思います。コミュニカティブ・アプローチではタスクを重視し、インフォーメーション・ギャップを用いた練習やロールプレイ、シミュレーション、プロジェクトワークなどを積極的に行ないます。これらは、まさに「タスク」と呼ぶにふさわしいものであり、教師が「さあ、明日はどんな会話授業をしようか」と考えた時の答えになり得るものです。教師は、「明日の授業ではロールプレイをしよう」「インフォーメーション・ギャップを用いた練習をしてみよう」などと考え、授業の準備をするわけです。

しかし、私は、「タスク」をもう少し広くとらえた方がいいのではないかと考えています。そのために、OPIにおける「タスク」の考え方を紹介します。OPIを行なう時には、テスターが被験者に対して様々な質問を投げかけるのですが、OPIでは、テスターが被験者に対して投げかける質問は、すべてタスクであると考えます。

たとえば、OPIでは、「最近、狂牛病や鳥インフルエンザの問題が深刻になってきていますが、そのことについてどう思いますか」などという質問をしますが、これは「意見を述べる」というタスクを被験者に課していることになりますし、「麻婆豆腐の作り方を教えてください」という質問は、「説明する」というタスクを課していることになります。また、OPI のインタビューでは、終わりから 4 分の 1 ぐらいのところでロールプレイを行ないますが、これもタスクです。つまり、OPI では、「学習者に言語活動を行なわせるための仕掛け」のことを、すべてタスクだと考えているわけです。

授業でも、これと同じように考えればいいのではないかと思います。ロールプレイやプロジェクトワークも、もちろんタスクですが、教師が学習者に投げかけるすべての質問、すべての言葉がタスクであり、学習者はそれに答えるべく言語活動を行なう、ということです。

ロールプレイやプロジェクトワークなどの、コミュニカティブ・アプローチで言うところのタスクは、「明示的なタスク」であると言えます。なぜなら、ロールプレイやプロジェクトワークをしている時には、学習者は「今タスクを与えられて日本語の勉強をしているのだ」ということを意識しているだろうと思われるからです。

一方、教師が学習者に対して投げかける言葉は、「非明示的なタスク」であると言えます。授業中、あるいは授業以外の時に、教師が学習者に対して投げかける質問は、場合によっては、学習者に「タスクを与えられている」と思わせることがあるかもしれませんが、基本的には、学習者は「勉強している」ということを意識しないのではないかと思います。

ちなみに、この「非明示的なタスク」をいかに効果的に与えるか、ということに関しては、OPI には非常に大きな蓄積があり、学ぶべきところが多いように思います。拙著『OPI の考え方に基づいた日本語教授法―話す能力を高めるために―』(ひつじ書房)では、そのことについて詳しく述べましたし、また、「タスクとは何か」ということに関しても、本書より詳しく書いてありますので、興味のある方はご覧になってください。

《タスク 2》

麻婆豆腐の作り方を説明する場合、厨房で説明するのと、料理と関係のない場所で説明するのと、どちらが簡単だと思いますか。また、それはどうしてですか。

私は、厨房で説明を行なう方が、明らかに簡単だと思いますが、いかがでしょうか。たとえば、講習会場のような、料理とは関係のない場所で説明を行なう場合は、「片栗粉を水に溶いて、炒めた豆腐にまわしかけてください。」などというように言わなければいけませんが、厨房で説明を行なう場合は、片栗粉やフライパンなどを手に持って動作をしながら、「これをここに入れて、水も入れて、こうしてください。それから、こうしてください。」と言えば済んでしまう可能性があります。厨房には、調理器具や食材や調味料がそろっているので、こういうことができるのですが、一方、講習会場のような、料理と関係のない場所には、そのような物はありませんから、すべて口で説明しなければいけなくなるわけです。文法や語彙という観点から見て、明らかに厨房で説明を行なう方が簡単だと思います。

もう１つ問題を出します。日本語が話せない外国人のお客さんをタクシーに乗せてどこかに連れて行く場合、自分も一緒に乗って、タクシーで走りながら運転手さんに道を説明するのと、自分はタクシーに乗らずに、そのお客さんだけをタクシーに乗せて、タクシーが出る前に運転手さんに道を説明しておくのと、どちらが簡単だと思いますか。

これも、明らかに前者、つまり、自分も一緒にタクシーに乗って説明する方が簡単だろうと思います。自分もタクシーに一緒に乗っていれば、曲がる場所や止まる場所を指さしながら、「そこを右に曲がってください。」「そこを左に曲がってください。」「そこで止まってください。」と言うだけで、用が足りてしまう可能性がありますが、タクシーが出る前に説明しておこうとすると、「この道をまっすぐ行くと○○がありますから、その角を右に曲がってください。そして、そこからしばらく行って、３つめの信号を…」などと言う必要があります。文法や語彙という観点から見て、明らかに、一緒に乗って説明する方が簡単ですよね。

麻婆豆腐の例でも、タクシーの例でも、「現物」がその場にあると、言語活動が楽になります。つまり、場面に依存できないタスクよりも、場面に依存しながら行なえるタスクの方が難易度が低いということです。

このように、「場面依存性」の高低は、タスクの難易度を決定する大きな要因になりますが、「予測可能性」の高低も、タスクの難易度を決定する要因になります。たとえば、約束の時間どおりに来た友達と話すのと、遅刻して来た友達と話すのとを比べると、約束の時間どおりに来た友達と話す方が明らかに楽だろうと思います。また、レストランで食事をしてお勘定をする時に、財布があるという状況で店の人と話をするのと、財布がないという状況で話をするのとを比べても、もちろん、財布があって話をする方が楽ですよね。つまり、予想どおりに事が運んでいる場面を扱うタスクよりも、予想通りに事が運ばずに、何か思いがけないことが起こってしまったような場面を扱うタスクの方が、難易度が高いということです。

「場面依存性」や「予測可能性」だけでなく、「日常性」も、タスクの難易度に関わる概念です。例として、ロールプレイ教材を作成する場合を考えてみたいと思います。ロールカードを作る時に、「レストラン」「病院」「裁判所」のいずれかの場面をとりあげるとします。この 3 つの中の、どの場面をとりあげるとタスクとして簡単になり、どの場面をとりあげると難しくなると思いますか。

もちろん、その場面でどんな言語活動を行なうかにもよるでしょうが、これら 3 つを比べると、「レストラン」→「病院」→「裁判所」という順で難しくなっていくのではないかと思います。普通の人にとっては、この中では「レストラン」が最も日常的であり、「裁判所」が最も非日常的ですよね。つまり、日常的な場面を扱うタスクよりも、日常的でない場面を扱うタスクの方が、難易度が高いということです。

学習者の言語活動を探り、それを基にしてタスクを作っていく際には、「場面依存性」「予測可能性」「日常性」という概念を手がかりにして、学習者に適したレベルに、タスクの難易度を調整していくことが必要になります。

《タスク 3》

「韓国料理ってどんなものですか」という質問と「石焼きビビンバって何ですか」という質問では、どちらの方が難しいと思いますか。また、それはなぜですか。

私は、「石焼きビビンバって何ですか」の方が難しいのではないかと思いますが、いかがでしょうか。まず、「韓国料理ってどんなものですか」という質問の場合、「日本の食べ物よりからいです」とか「キムチをよく食べます」とかという答えになることが多いのではないかと思います。一方、「石焼きビビンバって何ですか」の方は、「ご飯の上に野菜や卵や肉をのせて、それをすごく熱く熱した石の入れ物に入れて、焼くようにして食べるんです」というような答えになるのではないかと思います。両者を比べてみると、文法や語彙の難しさがまったく違っていることがわかるのではないかと思います。

「韓国料理」より「石焼きビビンバ」、「うどん」より「きつねうどん」や「讃岐うどん」、「東北旅行」より「ねぶた祭り」、「サッカー」より「オフサイド」や「PK 戦」、などというように、全体について大まかに話すよりも、その中の部分に焦点を当てて話す方が、より難しくなります。どうしてかと言うと、話題の「詳細性」が高くなるからです。

また、「町内会の活動内容を教えてください」という質問よりも「町内会活動の意義について話してください」という質問の方が難しいですし、「町内会活動についてどう思いますか」という質問よりも「町内会活動を行なうことについてどう思いますか」という質問の方が難しいのではないかと思います。その理由は、どちらも後者の方が話題の「抽象性」が高いということにあります。

さらに、「子供の成績を伸ばすために、親はどのようなことをすればいいと思いますか」という質問よりも「日本の中学生の学力を向上させるために、国はどのようなことをすればいいと思いますか」という質問の方が難しいのではないかと思います。同様に、「もしサマータイム制が導入されたら、あなたの生活はどのように変わると思いますか」という質問よりも「もしサマータイム制が導入されたら、日本人の生活はどのように変わると思いますか」という質問の方が難しいのではないかと思います。なぜなら、どちらも、後者の方が話題の「一般性」が高いからです。

ここで説明した「詳細性」「抽象性」「一般性」は話題に関するルールですが、《タスク 2》で説明した「場面依存性」「予測可能性」「日常性」は場面に関するルールです。これらのルールを参考にすれば、「明示的なタスク」にせよ「非明示的なタスク」にせよ、学習者のレベルに合ったものが作れるようになるのではないかと思います。学習者の言語活動を基にして「明示的なタスク」を作る場合にも、もちろん参考になります。

《タスク 4》

前章で紹介した言語活動のリストの中からいくつか言語活動を取り出し、それを利用してロールカードを作ってみてください。

たとえば、【友人】という項目の中の「履修登録を手伝ってもらう」という言語活動を利用すれば、次のようなロールカードを作ることができます。A が留学生で、B が日本人学生です。

【初級後半の学習者用】

A：あなたは J 大学の新入生です。明日までに、履修登録票を提出しなければいけないのですが、登録の仕方がよくわかりません。同じクラスの B さんに電話して、手伝ってもらえるよう、頼んでください。

B：あなたは J 大学の新入生です。履修登録票は、すでに提出してしまいました。今日は、特に何も予定はないので、家で読書をしようと思っています。

【中級の学習者用】

A：あなたは J 大学の新入生です。明日までに、履修登録票を提出しなければいけないのですが、登録の仕方がよくわかりません。同じクラスのBさんに電話して、手伝ってもらえるよう、頼んでください。

B：あなたはJ大学の新入生です。履修登録票は、すでに提出してしまいました。今日は、今からアルバイトがあるので、出かける準備をしています。アルバイトは、今日は遅番なので、終わるのが10時ごろになってしまいます。

１つめが初級後半の学習者用で、２つめが中級学習者用です。依頼というのは、普通は、相手がOKしてくれるだろうと思って行なうもの、つまり、OKしてくれる可能性がゼロなら普通は行なわないものではないかと思います。その意味で、２つめのロールプレイのBさんの対応は、依頼者の予測とはやや違ったものであると言えます。《タスク2》で説明した「予測可能性」ということを考えると、２つめのロールプレイの方が、やはり難しいと言えるでしょうね。

column 3

日本語教師養成テキスト

私が日本語教師になったのは、約 20 年前。そのころは市販されているテキストの種類が非常に少なく、しかも、サブテキストや指導書の類はほとんどない、というような状態でした。しかし、今は、様々なテキストがあるばかりでなく、それを支える指導書やワークブックなども、かなり豊富に出版されています。授業の前日にしっかり指導書を読みさえずれば、教師になりたての新人でも、とりあえず、何とか授業を成立させせることができます。しかし、使いやすいテキストや懇切丁寧な指導書には、教師の成長を止めてしまうという深刻な問題点もあるのではないかと思います。人間、やはり、ぬるま湯の中では成長しませんよね。

では、こんなテキストはどうでしょうか。そのテキストの第 1 課は、非常に教えやすい構成になっていて、十分な量の練習問題もあり、懇切丁寧な指導書も付いている。2 課、3 課も非常に教えやすいのだが、10 課、20 課と進むうちに、テキストの作りがだんだん雑になり、マニュアルも簡単なものになってしまって、かなり教えにくくなる。しかし、そこに到達するころには、教師はある程度力をつけているので、自分でしっかり準備をすれば、まあ、何とかいい授業を行なうことができる。そして、そのテキストを教え終わるころには、既存のテキストや指導書に一切頼ることなく、自力で授業を構成する力が自然についてしまっている…。こんな日本語教師養成テキスト、いかがでしょうか。

第 12 章　ロールプレイを利用して文型を抽出する

この章では、文法シラバスの作り方について説明します。具体的には、「話す」教育のための中級文法のシラバス作成を目指します。前章までで説明した「文法とは言語活動の遂行を支えるもの」という考え方が、作成の指針です。

《タスク 1》

「話す」教育のための中級文型リストを作りたいと思います。どのような文型を、そのリストに入れますか。「話す」教育のための中級文型をいくつか挙げてみてください。

私事で恐縮ですが、『ロールプレイで学ぶ中級から上級への日本語会話』(アルク)というテキストを作ったことがあります。このテキストを作った時に主張したいと思ったことは、「タスク先行型ロールプレイ」という考え方でした。

「タスク先行型ロールプレイ」は、OPI の手順を参考にした教え方です。OPI は、「①タスクの提示→②タスクの遂行→③言語的挫折の発見→④判定」という手順で行なわれます。たとえば、「昨日見たテレビドラマのストーリーを話してください」という質問の形でタスクを提示し、それを被験者に遂行させます。「テレビドラマのストーリーを話す」というのは、OPI では上級レベルのタスクだと考えられていますので、もしそれがうまく遂行できるのであれば「上級以上の可能性あり」と判断できるわけです。逆に、うまく遂行できないようであれば「上級ではない可能性が高い」と判断します。

この４つの手順のうち、「①タスクの提示」「③言語的挫折の発見」「④判定」はテスターが行ない、「②タスクの遂行」は被験者が行ないます。これをお手本にし、「判定」を「文型の導入」に変えて、「①タスクの提示→②タスクの遂行→③言語的挫折の発見→④文型の導入」という手順でロールプレイ学習を行なうようにしたのが「タスク先行型ロールプレイ」です。つまり、従来のロールプレイ学習は、先に文型の導入・練習をして、後からロールプレイを行なうのですが、「タスク先行型ロールプレイ」では、先にロールプレイを行ない、その際に必要となる文型や表現を後から教えるのです。

なぜ、従来の「文型先行型ロールプレイ」よりも、「タスク先行型ロールプレイ」の方がいいと考えたのかというと、「タスク先行型ロールプレイ」の方が「出たとこ勝負」的な能力を養成することができると考えたからです。「文型先行型ロールプレイ」の場合、たとえば、依頼表現をマスターするということを目標として、「〜てもらえませんか」という表現をドリル等で何度も練習し、その後で「作文の添削を日本人の知り合いに頼んでください」などというロールプレイを行なわせたりしますよね。しかし、そこで、仮に「作文を見てもらえませんか」という文がスムーズに発せられたとしても、それは、その直前に「〜てもらえませんか」という表現を何度も練習していたから発話できただけのことではないかと思うのです。

「話す」活動の本質は、十分に準備をしてから言葉を発するというようなものではなく、「状況に即して瞬時に判断を行ない、瞬時に反応する」という、「出たとこ勝負」とでも言うべきものであると思います。「文型先行型ロールプレイ」と「タスク先行型ロールプレイ」とを比べてみると、どう考えても「タスク先行型ロールプレイ」の方が「出たとこ勝負」的です。「タスク先行型ロールプレイ」によって「出たとこ勝負」の経験を積み重ねていけば、「出たとこ勝負」の能力、つまり、話す能力が形成されていく、というのが私の考えです。(このような考え方は、山内博之(2005)「話すための日本語教育文法」野田尚史(編)『コミュニケーションのための日本語教育文法』(くろしお出版)にも書きましたので、興味のある方はご参照ください。)

さて、学習者の「出たとこ勝負」的能力の向上ということを、主な目的として提案したのが「タスク先行型ロールプレイ」だったのですが、「タスク先行型ロールプレイ」には、「学習者が学ぶべき文型がリストアップできる」という大きな副産物があります。たとえば、中級クラスで「AはBをデートに誘い、Bはそれを断る」というロールプレイを行なったとします。中級ぐらいの学習者がこのロールプレイを行なうと、誘う時に「Bさん、私と一緒に映画に行きたいですか？」と言ってしまうことがよくあります。おそらく英語などの母語を直訳したことが原因なのでしょうが、この言い方ではかなり失礼ですよね。そこで、「Bさん、私と一緒に映画に行きませんか？」という言い方、つまり、「○○さん、〜ませんか？」という文型を導入するわけです。

この授業からわかることは、中級学習者は「誘う」という機能を果たす文型をうまく使うことができない、だから、「誘う」という機能を果たす「○○さん、〜ませんか？」「○○さん、〜ましょうよ。」などの文型が、中級学習者が学ぶべき文型になる、ということです。もちろん、そのクラスにいた学習者は、導入されたその文型を覚えることによって、少し日本語力がアップするわけです。しかし、ここで主張したいことは、それと同時に、中級文型リストに新しい項目が１つ加わるという、日本語教育全体に寄与し得る新しい知見が蓄えられる、ということです。

中級文型をリストアップする方法を、ここでまとめておきます。①まず、上級レベルのタスクを中級学習者に課す、②すると、どこかで必ず言語的挫折を起こす、③そこで導入される、しかるべき文型が中級文型になる、という手順です。

なぜ中級学習者に上級レベルのタスクを課すのか、ということが、少しわかりにくいかもしれませんが、実は、そこがポイントです。中級学習者に中級レベルのタスクを課すと、うまく遂行でき、言語的挫折は現れません。言語的挫折が現れないというのは、いいことであるように思われるかもしれませんが、しかし、それでは学習者に成長がありません。中級学習者に上級レベルのタスクを課すと、ちょっと無理があるので、どこかで言語的挫折が現れる。そこで、「この文型、この表現が使えれば言語的挫折を起こさずに済むのだ」という文型や表現を導入するわけです。そうすると、それによって、学習者の能力が中級から上級に向かって伸びていきます。そして、そこで使うことができなかった文型や表現こそが、上級になるために必要な文型や表現、つまり、中級で学ばなければならない文型や表現だということです。

日本語能力試験の２級や１級の文型(機能語)リストを「話す」教育用のシラバスとして利用しようとすると、そこには、話し言葉として使われることはまずないだろう、と思われるものもリストアップされていますので、そのまま用いることはできません。しかし、ここで紹介した方法を用いれば、話し言葉ならでは、という文型や表現を言語活動の中から切り出してくることができるので、そのような問題を避けることができます。

「話す」教育のための中級文型をリストアップする、という問題は、まだ誰も解決していない難問です。しかし、ここで述べた方法は、そのための有力なものなのではないかと思います。次の《タスク 2》では、このような方法で取り出した中級文型の一例を示してみたいと思います。

なお、ここでは、文法シラバスという用語を使ったり、文型リストという用語を使ったりして、両者の区別があいまいになってしまっています。これは、あまりよくないことですね。正直に言って、「文法」「文型」という用語の定義が、私自身、まだできていないのです。「文法」という用語で統一したいとも思うのですが、「○○さん、～ませんか？」「○○さん、～ましょうよ。」などは、「文法」とは少し言いにくいような気がします。だから、とりあえず「文型」と言っています。中級文法・中級文法の全体像が見えてきたら、日本語教育における「文法」「文型」という用語も、きちんと定義できるようになるのではないかと思いますが、まだその段階には至っていません。今後の課題にしたいと思います。

《タスク 2》

「食堂で天丼を注文したのに、天ぷら定食が出てきてしまったので苦情を言う」というロールプレイを行なう際には、どんな文型が必要になるでしょうか。考えてみてください。

OPI の基準で言えば、この天丼のロールプレイも、先ほどのデートのロールプレイと同じく、概ね上級レベルであると言えます。このロールプレイを行なった時の中級学習者の発話で、比較的よくあるのは、「私は天丼を頼みました」という発話です。これでも意図は伝わりますが、何だか突然自己紹介を始めてしまったような不自然さが、少し感じられるのではないでしょうか。あるいは、偉そうな態度の客だ、と店員から思われてしまうかもしれません。

たとえば、これに「確か」と「思うんですけど」をプラスし、「確か天丼を頼んだと思うんですけど。」というようにすれば、まったく不自然さはなくなりますし、偉そうな態度だと思われることもなくなるだろうと思います。あるいは、「天ぷら定食じゃなくて」もプラスして、「天ぷら定食じゃなくて、確か天丼を頼んだと思うんですけど。」としても、もちろんいいでしょうね。

このロールプレイがうまくいくかどうか、つまり、学習者がこの場面をうまく切り抜けられるかどうかは、この「天ぷら定食じゃなくて、確か天丼を頼んだと思うんですけど。」という発話ができるかどうかにかかっているのではないかと思います。もし、本当に学習者がこのような場面に遭遇した時に、「天ぷら定食じゃなくて、確か天丼を頼んだと思うんですけど。」という一言を発することさえできれば、あとの発話はかなりいい加減でも、とりあえず問題はないのではないかと思います。

つまり、このロールプレイの遂行においては、「(　　)じゃなくて、確か(　　)と思うんですけど。」という文型が鍵になるということです。その際、後ろの(　)の中には、「頼む」「注文する」「言う」などの動詞が必ず入ることになります。この「(　　)じゃなくて、確か(　　頼んだ／注文した／言った)と思うんですけど。」という文型の機能は、「注文のとり間違いをやんわり正す」というものです。だから、「注文のとり間違いをやんわり正す」ということをしたい時には、この文型を使えば問題は解決するということです。

では、「注文のとり間違いをやんわり正す」という機能を遂行しなければいけない場面とは、具体的にどんな場面なのでしょうか。もちろん、この「天丼を頼んだのに天ぷら定食が来てしまった」という場面もその１つですが、他には、「生協で注文した本が来たが、間違っていた」という場面があります。この場面では、「この本じゃなくて、確か『タテ社会の人間関係』を頼んだと思うんですけど。」と言えばいいですよね。

あるいは、「サークルのコンパを行なう居酒屋から確認の電話がかかってきたが、人数、予算などが違っていた」という場面もそうです。この場面でも、「注文のとり間違いをやんわり正す」ために、「15人じゃなくて、確か25人と言ったと思うんですけど。」と言えばいいわけです。

また、「一緒に料理を作る約束をしていた友だちが持ってきた食材が、頼んでいたものと違っていた」という場面も、友だちの聞き間違い、つまり、広い意味での(友だちの)注文のとり間違いであると言えます。だから、この場面でも「(　　)じゃなくて、確か(　　頼んだ／注文した／言った)と思うんですけど。」という文型が効果を発揮します。具体的には、「ブロッコリーじゃなくて、確かカリフラワーを頼んだと思うんだけど。」などと言えばいいでしょう。

「1人だけ違う集合場所に行ってしまった」という時も、そのグループのリーダーが、場所を間違えた人に対して、携帯電話で「集合場所は、南口じゃなくて、確か東口と言ったと思うんだけど。」と言うことができますよね。場所を間違えた人が聞き間違えたのかもしれませんし、あるいは、リーダーが言い間違えたのかもしれませんが、いずれにしても、この場合も、広い意味での注文のとり間違いであると考えることができるのではないかと思います。

結局、「天丼を頼んだのに天ぷら定食が来てしまった」というロールプレイの遂行に必要となる文型は何か、という《タスク2》の答えは「(　　)じゃなくて、確か(　　頼んだ／注文した／言った)と思うんですけど。」であり、これは、また、中級の話し言葉の文型としてリストアップすべきものでもあるので、この文型が《タスク1》の答えにもなっています。

中級文型リストを作り、それをシラバスとして活用しようと思うなら、単に文型を挙げるのみでなく、その文型が担っている機能を明確に記述し、さらに、その機能を果たすことが必要とされる場面もリストアップする必要があります。つまり、文型1つにつき、以下のような情報を添えていくということです。

文型：「(　　)じゃなくて、確か(　　頼んだ／注文した／言った)と思うんですけど。」
機能：【注文のとり間違いをやんわり正す】
場面①：食堂で天丼を注文したのに天ぷら定食が来てしまった。
「天ぷら定食じゃなくて、確か天丼を頼んだと思うんですけど。」
場面②：生協で注文した本が来たが、間違っていた。
「この本じゃなくて、確か『タテ社会の人間関係』を頼んだと思うんですけど。」
場面③：サークルのコンパを行なう居酒屋から確認の電話がかかってきたが、人数、予算などが違っていた。
「15人じゃなくて、確か25人と言ったと思うんですけど。」
場面④：一緒に料理を作る約束をしていた友だちが持ってきた食材が、頼んでいたものと違っていた。
「ブロッコリーじゃなくて、確かカリフラワーを頼んだと思うんだけど。」
場面⑤：一人だけ違う集合場所に行ってしまった。
「集合場所は、南口じゃなくて、確か東口と言ったと思うんだけど。」

このような文型シラバスが完成すれば、中級の会話教育はすごく豊かなものになるだろうと思いますが、いかがでしょうか。しかし、こういうのをたくさん集めてくるのは、かなり大変なことですよね。これは、とても１人でできることではなく、何人かでプロジェクトチームを作って、共同で取り組むべきことだろうと思います。誰か、一緒にやりませんか？

column 4

ロールプレイのススメ

日本語学習者の話す能力を伸ばすための方法には、ロールプレイ、スピーチ、ディスカッション、ゲーム、シミュレーション、プロジェクトワークなどがあります。これらの中で特にお薦めしたいのが、ロールプレイです。ロールプレイには、まず、「教室外の場面を教室内に持ち込むことができる」という長所があります。なぜ教室外の場面を教室の中に持ち込む必要があるのかというと、学習者の日本語学習の目的は、教室の中で日本語を使えるようになることではなく、教室の外で日本語を使えるようになることだからです。

また、ロールプレイには、「教室内の発話者の数を最大にできる」という長所もあります。20人の学習者が教室にいたとします。この場合、同時に発話することができる学習者の最大数は10人です。11人が同時に発話すると、聞き手が9人になってしまうため、聞き手のない話し手が現れるか、あるいは、同時に複数の人の話を聞かなければならない聞き手が現れてしまいます。結局、2人ずつのペアを作って話をさせるというのが、同時に発話することができる学習者の数を最大にする手段だということです。

シミュレーションやプロジェクトワークは、ある意味、もっと創造的に話す能力をつけていく手段だとも言えますが、しかし、そのために、何時間かの授業を割いたりする必要がある場合も多く、時間と手間がかかります。その点、ロールプレイなら、30分もあればひととおりの学習を行なうことができるので、非常に手軽です。これほどコストパフォーマンスのいい練習方法は、他にはないだろうと思います。

ロールプレイは本物の会話ではなく単なる演技だ、という人もいます。しかし、ロールの設定をできるかぎり学習者の現実の状況に近づけることによって、そして、その状況に入り込むための十分なウォームアップを行なうことによって、かなり本物の会話に近づけることができます。みなさんも、ぜひ、ロールプレイを授業に採り入れてみてください。

第13章　文型の抽出からシラバスの作成へ

前章では、タスク先行型ロールプレイの考え方を利用した、中級文型シラバスの作成方法を紹介しました。この章は、その続きです。学習者の言語活動の中から文型を取り出していくプロセスを、実感していただきたいと思います。

《タスク1》

日本語のコースが始まる前に、教える文型や表現を決めておくのと、授業をしながら、学習者に必要だと思われる文型や表現を教えていくのと、どちらがいいと思いますか。

チョムスキーという言語学者をご存じでしょうか。生成文法の提唱者であり、反戦運動や現代アメリカ社会批判などによっても有名な、20世紀最大の言語学者です。チョムスキーは、著書や論文が優れているばかりでなく、講義も非常にわかりやすいのだそうです。「みなさん、何か質問がありますか。質問があれば、その質問に答えることから講義を始めます。もし質問がなければ、私が選んだテーマについて話をします。どちらでもいいですよ…」などという調子で講義が始まる、という話を聞いたことがあります。

私も、大学で、日本語学概論や日本語教授法の授業を行なっていますが、学生の質問を受けることから始め、その質問の内容に沿ったテーマの授業を即座に組み立てて話をする、などという芸当は、とてもできません。えっ、チョムスキーと自分を比べるなって？　ホント、おっしゃるとおりです…。

チョムスキーのように授業ができれば、本当にいいなぁと思います。学生たちにしてみると、その時に知りたいと思っていること、疑問だと思っていることをテーマとして、先生が即興で授業を組み立てて話をしてくれる。そして、１回１回の授業では、ただその時に知りたいと思うことについての話を聞いていたつもりだったのだが、１年の授業がすべて終わってみると、日本語学の体系が余すことなく網羅されていることに気づく…。そんな授業、本当に魅力的ですよね。しかし、私の能力が足りず、とてもそんなことができないから、前もって教える内容を決めておき、十分に準備をして、日々の授業に臨んでいます。

前章の《タスク 1》で「タスク先行型ロールプレイ」の話をしましたが、「タスク先行型ロールプレイ」は、このような、チョムスキー型の授業であると言えます。まず、学習者が遭遇しそうな場面を考えてロールカードを作り、それを学習者に課します。そして、学習者が、そのロールプレイを難なくこなすことができればよし、しかし、もしあまりうまくできなかったのなら、そこで、そのロールプレイがうまくいくために必要となる文型や表現を導入するわけです。

学習者が遭遇しそうな場面を基にしてロールカードを作るというのは、授業の前に十分に時間をかけて行なえばいいわけですから、その気になればできます。(とはいえ、毎回、自分で教材を作るのはかなり大変ではありますが…)しかし、授業の中で、そのロールプレイを学習者たちが行なった結果、どのような間違いが出て、どのような文型や表現を導入することになるのかは、その時にならなければわからないので、教師としては非常に苦しいところです。

私は、大学で「日本語教育実習」という授業も担当しているのですが、その授業では、毎回、約 10 名の中級レベルの日本語学習者をクラスに招き、受講生である日本人学生たちに、「タスク先行型ロールプレイ」の授業を行なわせています。まず、留学生たちが遭遇しそうな場面を考えてロールカードを作るわけですが、教師である私もチェックし、日本人学生たちも時間をかけて準備をするので、わりといいロールカードができあがります。しかし、そのロールカードを使って実際に授業をしてみると、学習者たちが話す日本語の中からロールプレイの遂行を妨げているものを発見し、それに代わる文型や表現を教えるということが、至難の業であるらしく、かなりボロボロの授業になってしまいます。

そこで、「このロールプレイを行なうとどんな間違いが出るのか」ということを予想し、必要となる文型や表現を教える準備をしておくようにすると、「タスク先行型ロールプレイ」の授業がかなりうまくいくようになります。また、中級学習者が行なうのにふさわしいロールプレイを考え、そのロールプレイを行なう際に必要になるであろう文型をリストアップするという作業は、そのまま、中級の文型シラバスを作成する作業にもなります。

天才チョムスキーは、その場で授業を組み立ててしまうわけですが、凡人である私と、その凡人の教え子である、うちの学生たちは、「その場で授業を組み立てる」という演出をするために、事前に何時間も準備をしているわけです。

中級学習者用のロールプレイに必要となる文型や表現を洗い出していく作業を、《タスク2》《タスク3》で実際に体験してみてください。

《タスク2》

「レストランで、店員が持ってきたパスタに髪の毛が入っていたので、とりかえてもらう」というロールプレイを行なう際には、どんな文型が必要になるでしょうか。

このロールプレイを行なう時に、まず必要になる文型は「(　　)てもらえませんか?」という文型です。つまり、「新しいのと換えてもらえませんか?」と言えばいいということです。中級になったばかりの学習者だと、このような依頼の表現が言えないことがあります。余談ですが、京都の嵐山で、外国人観光客から「すみません。写真、撮ってもいいですか?」と言われたことがありました。もちろん、この人たちは私の写真を撮りたいわけではなく、写真を撮ってもらいたかったわけですよね。「ええ、いいですよ。」と言って、写真を撮ってあげましたが、授業でも、これと同じように、「(　　)てもいいですか?」という許可を求める文型で、無理やり依頼を行なってしまう、というケースが時々見受けられます。(そう言えば、日本人でも、最近、「窓を開けてもらえませんか?」ではなく、「窓を開けてもらってもいいですか?」というように、許可を求めるような言い方で依頼をする人が増えているように思います。許可を求めるような形で依頼を行なうというのは、外国人学習者だけの傾向ではないのかもしれませんね。興味深いです…)

　また、中級学習者だと、「新しいのと換えてもらえませんか？」とは言えても、「髪の毛が入っている」という事情説明がうまくできないこともあります。「〜んですよ」をうまく使い、「新しいのと換えてもらえませんか？」の直後に、「髪の毛が入っているんですよ。」と言えるといいだろうと思います。そして、さらに、「すみませんけど」も付けて、「すみませんけど、新しいのと換えてもらえませんか？　髪の毛が入っているんですよ。」と言えればバッチリですよね。つまり、「すみませんけど、(　　)てもらえませんか？(　　)んですよ。」という文型を用いればいいということです。しかし、中級レベルの学習者だと、このような文を、なかなかスムーズには言えないだろうと思います。

　この「すみませんけど、(　　)てもらえませんか？　(　　)んですよ。」という文型には、「事情を説明しながらお願いをする」という機能があります。単に「お願いをする」のではなく「事情を説明しながら」というところがミソです。「すみませんけど、(　　)てもらえませんか？」の後に、スムーズに「(　　)んですよ。」と続けることができれば、発話が一気に上級らしくなり、この場面を非常にうまく切り抜けることができるようになるのではないかと思います。

「すみませんけど、(　　)てもらえませんか？　(　　)んですよ。」という文型は、このロールプレイだけでなく、「事情を説明しながらお願いをする」必要がある他の場面でも、もちろん使うことができます。たとえば、「頼まれた仕事がどうしても今週中には終わらない」という場面です。この場合は、「すみませんけど、来週まで待ってもらえませんか？　今週は本当に忙しいんですよ。」と言えばいいわけです。この一言があれば、他の発話が多少しどろもどろであったとしても、非常にうまくこの場面を乗り切ることができると思いませんか。

　また、「隣人の車が邪魔で自分の車を出すことができない」という場面なら、「すみませんけど、車を動かしてもらえませんか？　私の車が出られないんですよ。」と言えばOKです。さらに、「明日テストなので勉強をしているのに、隣の部屋の住人がすごくうるさい」という場面なら、「すみませんけど、もう少し静かにしてもらえませんか？　明日はテストがあるから、勉強しているんですよ。」と言えばいいですよね。

以上のことを、他の場面も付け加えて、以下のようにまとめました。

ロールプレイ：レストランで、店員が持ってきたパスタに髪の毛が入っていたので、とりかえてもらう。

鍵となる文：すみませんけど、新しいのに換えてもらえませんか？　髪の毛が入っているんですよ。

文型：　すみませんけど、(　　)てもらえませんか？　(　　)んですよ。

機能：　【事情を説明しながらお願いをする】

この文型が使用できるその他の場面：

①頼まれた仕事は、どうしても今週中に終わらない。

「すみませんけど、来週まで待ってもらえませんか？　今週は本当に忙しいんですよ。」

②隣人の車が邪魔で、自分の車を出すことができない。

「すみませんけど、車を動かしてもらえませんか？　私の車が出られないんですよ。」

③明日はテストなので勉強をしているのに、隣の部屋の住人がすごくうるさい。

「すみませんけど、もう少し静かにしてもらえませんか？　明日テストがあるから、勉強しているんですよ。」

④相手の指定した日は、どうしても都合が悪い。

「すみませんけど、別の日にしてもらえませんか？　その日は先約が入っているんですよ。」

⑤買い忘れた品物がある。

「申し訳ないけど、ソースを買ってきてもらえない？　買ってくるのを忘れちゃったんだよ。」

⑥一緒に食事をする約束をしていたのだが、まだ仕事が終わらない。
「申し訳ありませんが、先にそのレストランに行っていてもらえませんか？ まだ仕事が終わらないんですよ。」

《タスク 3》

「引っ越してきたので、隣人宅に行って挨拶をする」というロールプレイを行なう際には、どんな文型が必要になるでしょうか。

この場面で必要なことは、まずは「名前を言う」ということです。しかし、たとえば、「張です。」というだけでは明らかに不十分です。これだけでは、もしかしたら、隣の人に不信感を抱かれてしまうかもしれません。やはり、「張です。昨日、隣に引っ越してきました。」ぐらいは言うべきでしょう。

しかし、「張です。昨日、隣に引っ越してきました。」を「昨日、隣に引っ越してきました張です。」に直すと、さらによくなります。単文を並べるのではなく、連体修飾節を使うのです。「よろしくお願いします。」も添えて、「昨日、隣に引っ越してきました張です。よろしくお願いします。」と言えば、もう完璧ですよね。

ただし、「昨日、隣に引っ越してきた張です。」では、あまりよくないかもしれません。普通、連体修飾節は、普通形で被修飾名詞に接続しますが、初対面の人に対して名乗るような場合には、連体修飾節を丁寧形にして被修飾名詞につなげていく方が望ましいだろうと思います。つまり、「(説明文となる丁寧形の連体修飾節)＋(自分の名前)です。」という文型にするということです。

この「(説明文となる丁寧形の連体修飾節)＋(自分の名前)です。」という文型は、「相手にとって必要な情報を述べながら初対面の人に対して名乗る」という機能があると考えられます。だから、「引っ越してきたので、隣人宅に行って挨拶をする」場面だけでなく、他の類似した場面においても、強力な効果を発揮します。

たとえば、「新しいクラスで挨拶をする」場合には、「韓国から来ました金京美です。」と言えばいいですし、「新しく入ったテニスサークルで挨拶をする」場合には、「今月からこのテニスサークルに入ることになりました石井優子です。」と言えばいいですよね。大学院に在籍している留学生なら、いかにもありそうな場面ですが、「研究会に新しく参加することになったので、みなの前で簡単に挨拶をする」場合には、「鈴木先生に紹介で参りました鄭です。」などと言えばいいだろうと思います。

また、「昔お世話になった先生に久しぶりに電話をした」というような場面でも、「初対面」ではありませんが、かなり久しぶりということであれば、この文型を使って「5年ぐらい前に○○大学でお世話になりました李仁淑ですけど。」などと言うことができます。

これらのことを、以下にまとめておきます。

ロールプレイ：引っ越してきたので、隣人宅に行って挨拶をする。
鍵となる文：昨日、隣に引っ越してきました張です。
文型：　(説明文となる丁寧形の連体修飾節)＋(自分の名前)です。
機能：　【相手にとって必要な情報を述べながら初対面の人に対して名乗る】
この文型が使用できるその他の場面：
①新しいクラスで挨拶をする。
「韓国から来ました金京美です。」
②新しく入ったテニスサークルで挨拶をする。
「今月からこのテニスサークルに入ることになりました石井優子です。」
③研究会に新しく参加することになったので、みなの前で簡単に挨拶をする。
「鈴木先生の紹介で参りました鄭です。」
④昔お世話になった先生に久しぶりに電話をした。
「5年ぐらい前に○○大学でお世話になりました李仁淑ですけど。」

言語活動をベースにした文法シラバスの作り方、おわかりいただけたでしょうか。次の章では、もっとたくさんの例を挙げることにします。

column 5

OPI 必勝法！

OPI を今から受ける学習者のみなさん、たぶん、すごく緊張していることだろうと思います。しかし、このことをよく覚えておいてください。あなたの目の前にいるテスターは、もっと緊張しているのです。えっ、どうして緊張しているのかって？　それは、うまく突き上げができないと、今から行なうインタビューが判定不能になってしまうからです。OPI の突き上げは、実はかなり難しいものなので、うまくできるかどうか心配しているのです。

インタビューが始まったら、テスターにニッコリ笑いかけてあげてください。あなたの笑顔で、きっとテスターの緊張もほぐれていくだろうと思います。テスターは、あなたに簡単な質問をしてきます。たとえば「あなたの趣味は何ですか？」とか。そうしたら、またニッコリ笑いかけながら「料理を作ることです」と答えてください。さらに「私の料理はおいしいです」などと付け加えれば、完璧です。テスターは、これで突き上げができる…とホッと胸をなでおろし、「では、あなたの得意な料理の作り方を説明してください」と突き上げてきます。えっ、料理の説明は難しいって？　それは、もう前日にバッチリ練習しておくのです。

「他にも趣味はありますか？」などと、またテスターが聞いてきますから、「そうですね、映画を見ることが好きです」と答えてください。次に「最近、映画を見ましたか？」と聞かれたら、「先週の日曜日に見ました。すごく面白かったです」と答えてください。(笑顔を忘れずに！)テスターは、これでもう 1 つ突き上げができる…と、またまた胸をなでおろし、「では、日曜日に見た映画のストーリーを話してください」と突き上げてきます。えっ、映画のストーリーを話すのはもっと難しいって？　これも前日にバッチリ練習しておくのです。

これだけで、たぶん、あなたの OPI の判定は、サブレベルが 1 つ上がるだろうと思います。えっ、本当かって？　まあ、実際にやってみてください！

第 14 章　言語活動ベースの文法シラバス

前章と前々章で、中級文型シラバスを作る考え方は、だいたいお話ししました。この章では、できるだけ多くの中級文型の例を紹介しますので、「中級文型シラバスを作ることは本当に可能なんだ！」ということを確信していただきたいと思います。

《タスク 1》
復習です。前章と前々章で説明した、ロールプレイを利用した中級文型シラバスの作成方法を思い出し、簡単に説明してみてください。

中級文型をリストアップする方法を、もう一度、ここでまとめておきます。①まず、上級レベルのロールプレイ(タスク)を中級学習者に課す、②すると、どこかで必ず言語的挫折を起こす、③そこで導入されるしかるべき文型が中級文型になる、という手順です。

「上級の言語活動という大きな岩山から、中級学習者の助けを借りて、中級学習者が上級になるために必要な文型を切り出してくる」というようなイメージでしょうか。「初めに言葉(文型)ありき」ではなく、「初めに言語活動ありき」という考え方で、シラバスを作るのです。

では、このような方法で、実際に、中級文型をリストアップしてみたいと思います。

《タスク 2》
上級レベルだと思われるロールプレイをいくつか考案し、そのロールプレイを遂行する際の鍵となる文型を、書き出してみてください。

まず最初にロールプレイの内容を書き、次に、そのロールプレイを遂行する際の鍵となる文及び文型を挙げます。そして、その文型の機能を明らかにし、その文型を使用することができる、他の場面を列挙するという手順で、作業を進めていきます。

ロールプレイ：ゼミ旅行とアルバイトが重なってしまったので、アルバイトを誰かに代わってもらいたい。友人のAさんは、卒論の提出間際で非常に忙しいのだが、頼める人がAさんしかいないので、Aさんにアルバイトを代わってくれるよう、お願いする。

鍵となる文：卒論で大変なのはわかるんだけど、何とか代わってもらうわけにはいかないかな～。

文型：「(　　)はわかるんだけど、何とか(　　)てもらうわけにはいかないかな～。」

機能：【無理は承知なのだが、お願いせざるを得ない状況にあるので、仕方なくお願いをする】

この文型が使用できるその他の場面：

①パソコンの安売り日は今日が最後。友人のAさんはパソコンに詳しいので、ついてきて、アドバイスをしてもらいたいのだが、今、Aさんのところには、国から両親が来ている。

「両親の面倒を見なければいけないのはわかるんだけど、何とか一緒に来てもらうわけにはいかないかな～。」

②上司から新商品のプレゼンテーション用パワーポイントの作り直しを突然命じられた。そのパワーポイントは隣の部署のAさんに手伝ってもらって作ったので、Aさんがいなければ作り直しができない。しかし、Aさんは今日、中学の同窓会があり、しかも幹事を務めている。

「忙しいのはわかるんだけど、明日の発表の準備、何とか手伝ってもらうわけにはいかないかな～。」

③相撲の大会(団体戦)に出たいのだが、メンバーが1人足りない。ラグビー部のAさんはまわし姿を毛嫌いしているが、試合に出て勝てそうなのは、Aさんぐらいしかいない。

「相撲が嫌いなのはわかるんだけど、何とか今度の団体戦に出てもらうわけにはいかないかな～。」

④非常に忙しい先生に論文の指導をお願いしたい。

「先生がお忙しいことはよくわかっているのですが、何とかこの論文を見ていただくわけにはいかないでしょうか。」

⑤非常に忙しい人に開会式への出席をお願いしたい。

「急なお願いで失礼なことはよくわかっているのですが、明日の開会式に、何とか出席していただくわけにはいかないでしょうか。」

ロールプレイ：部屋で友人たちと飲んでいるうちに、盛り上がって騒がしくなってしまい、隣人から苦情を言われた。

鍵となる文：話しているうちに、つい声が大きくなってしまって。

文型：「つい（　　）てしまって。」

機能：【悪いと思いつつしてしまったことを注意された時に言い訳をする】

この文型が使用できるその他の場面：

①捨てられていた子猫がかわいそうだったので、食べ物をやったら、アパートに住みついてしまい、隣人から苦情を言われた。

「雨に濡れてかわいそうだったから、つい食べ物をあげてしまって。」

②ダイエット中なのに我慢できず、ケーキを食べてしまい、それをスポーツジムのトレーナーに注意された。

「ケーキがすごくおいしそうだったから、つい食べてしまって。」

③友だちの秘密を話してしまい、それを知った友だちが怒って電話をかけてきた。

「本当にごめん。ついあのことを話してしまって。」

④「遅くなる時は電話ぐらいしてよ！」と家の人に怒られた。

「ごめん。取引先の人と飲んでいるうちに、つい電話するのを忘れてしまって。」

⑤知り合いの家に遊びに行って、長い時間を過ごしてしまい、「あっ、もうこんな時間だ！」と言われた。

「ごめんなさい。お話が楽しかったから、つい長居をしてしまって。今日は、本当にどうもありがとうございました。」

ロールプレイ：友人に自分の男友達(女友達)を紹介しようと思ったのに、その友人が待ち合わせの時間に遅れてきた。後で、友人に一言言う。
鍵となる文：恋人がほしいって言うから、高校時代の同級生を連れて来たのに…。彼(彼女)、もう少しで怒って帰ってしまうところだったよ。
文型：「(相手への苦情・忠告・命令など)。もう少しで(　　)ところだったよ。」
機能：【相手の過失による事故を未然に防いだ後で、相手にやんわりと注意する】
この文型が使用できるその他の場面：
①家に帰ったら、からのやかんが火にかけてあり、湯はすべて蒸発していた。火をつけっぱなしにしたであろうと思われる同居人が帰ってきたので、一言言う。
「火の元には気をつけてよ。もう少しで火事になるところだったよ。」
②友だちに間違った行き方を教えられたために、大切な集まりに遅刻しそうになった。後で、友だちに一言言う。
「教えてもらった道、全然違ってたよ。もう少しで遅刻するところだったよ。」
③友だちの自転車を借りて買い物に行ったが、自転車のブレーキがほとんどきかない。自転車を返す時に、友だちに一言言う。
「この自転車、ブレーキが全然利かないよ。もう少しで人にぶつかるところだったよ。」
④布団の横に眼鏡が置いてあったので、同居人に一言言う。
「こんなところに眼鏡を置いておいたらダメだよ。もう少しで踏むところだったよ。」
⑤飲み会の時、ウーロン茶の横にウイスキーのオンザロックが置いてあった。ウイスキーを置いた友人に一言言う。
「これ、ウーロン茶じゃなくてウイスキーだよね？　もう少しで飲んでし

まうところだったよ。」

ロールプレイ：友だちから借りたCDのケースを壊してしまった。友だちに謝ろうと思っていたら、その友だちから電話がかかってきて、CDのことを聞かれた。

鍵となる文：私もちょうど電話しようと思っていたところなんですけど。

文型：　「(　　)ようと思っていたところなんです。」

機能：　【相手に先を越されてしまった時に、自分もそのことに気づいていたことを、言い訳的に述べる】

この文型が使用できるその他の場面：

①提出期限が過ぎているレポートについて、先生に尋ねられた。
「実は、私もそのことを申し上げようと思っていたところなんです…」

②日本人の友だちに頼まれた中国語の翻訳が思ったより難しくて困っていたところに、その友だちから催促の電話があった。
「ごめん、私もちょうど電話しようと思っていたところなんだけど…」

③明日からの旅行の運転手を頼まれていたが、突然、指導教官から研究のことでおしかりの電話があり、明日大学に必ず来いとのこと。困ったことになったと思っているところに、一緒に旅行に行く友人から、明日の集合場所と時間についての確認の電話があった。
「実は、僕も、今電話しようと思っていたところなんだけど…」

ロールプレイ：レストランで、食事をした後で財布を持っていないことに気づき、店の人に事情を説明する。

鍵となる文：すみません。財布を持って来るのを忘れてしまったみたいなんです。

文型：　すみません。(　　)てしまったみたいなんです。

機能：　【わけがわからずにしてしまった不適切な行動によって招いた、非常に不利な状況で言い訳をする】

この文型が使用できるその他の場面：

①先生から借りていた大切な資料をなくしてしまった。
「すみません。お借りしていた資料をなくしてしまったみたいなんです。」
②忙しい指導教官との約束があるのに、電車を乗り間違えてしまった。
「すみません。電車を乗り間違えてしまったみたいなんです。」
③研究室の共用のパソコンを使っていたら、大切なデータが消えてしまった。
「申し訳ありません。データを消してしまったみたいなんです。」

ロールプレイ：借りていたノートパソコンがこわれてしまったので、どこがどのように壊れたのかを説明し、謝る。
鍵となる文①：スイッチを入れても、画面が明るくならないんですよ。
文型①：「(他動詞)ても、(他動詞可能形・受身形／自動詞)ないんですよ。」
鍵となる文②：ファイルを削除しようとしても、削除できないんですよ。
文型②：「(他動詞)うとしても、(他動詞可能形・受身形／自動詞)ないんですよ。」
機能：　【機械等がコントロール不可能な状況であることを、具体的に説明する】
この文型が使用できるその他の場面：
①ビデオデッキ・テープレコーダー・テレビ・自動車・オートバイなどがこわれてしまったので、どこがどのように壊れたのか説明する。
「イジェクトのボタンを押しても、テープが出てこないんですよ。」
「リモコンのボタンを押しても、チャンネルが変わらないんですよ。」
「ペダルをこいでも、ライトがつかないんですよ。」
「エンジンをかけようとしても、エンジンがかからないんですよ。」

ロールプレイ：携帯電話のメールの送り方を友だちに教えてあげる。
鍵となる文：「あ」のボタンを 3 回押してください。そうすると、「う」が出ます。次に、…

文型：　(　　)てください。そうすると、(他動詞可能形・受身形／自動詞)。次に、…
機能：　【手順の説明を行なう】
この文型が使用できるその他の場面：
①パソコン、ビデオデッキなど、機械の操作手順を誰かに説明する。
「Wordのアイコンをクリックしてください。そうすると、Wordの画面が出てきます。」
「イジェクトのボタンを押してください。そうすると、テープが出てきます。」
②自分の家までの道順を友だちに教える。
「駅前の道をまっすぐ右に歩いてください。そうすると、左側に郵便局があります。」

ロールプレイ：田中さんが焼いたクッキーをもらったので、Aさんと2人で食べているが、どういうわけか、あまくなく、すごくからい。
鍵となる文：たぶん、田中さんが間違って塩を入れてしまったんだと思います。
文型：　たぶん、(　　)が間違って(　　)てしまったんだと思います。
機能：　【第三者の誤解・過失などによってあまりよくない状況になっているのだということを説明する】
この文型が使用できるその他の場面：
①隣の席のAさんが、机の上に置いておいた書類がなくなっていると騒いでいる。
「たぶん、佐藤さんが間違って持って帰ってしまったんだと思います。」
②山本先生に本を貸したが、ある学生がその本を持っていたので、不思議に思って、なぜその本を持っているのか尋ねると、山本先生から借りたのだと答える。
「たぶん、山本先生が間違ってあなたに貸してしまったんだと思います。」
③山本先生の授業のレポートを、提出期限の最終日に大学の事務に出しに

行ったら、提出期限を過ぎているので受け取ることはできないと言われた。提出期限については授業中に先生から何度か説明があったし、何人かの学生が、今日レポートを持ってきているので、今日が最終日であることは間違いがない。事務職員に何とかレポートを受け取ってもらえるようにしたい。

「たぶん、山本先生が締め切りの日を間違って事務室に伝えたんだと思います。」

ロールプレイ：待ち合わせ時間を勘違いして、結局会うことができなかった。夜、腹を立てつつ、一方が電話をする。

鍵となる文：「待ち合わせは、確か3時だったよね？」「えっ、2時じゃなかった？」

文型：　「確か(　　)よね？」「えっ、(　　)じゃなかった？」

機能：　【勘違いによって起こった情報のギャップを埋めようとして話を切り出す】

この文型が使用できるその他の場面：

①友だちが、今日返してくれるはずの本を返してくれない。

「本を返してくれる日、確か今日だったよね？」「えっ、来週じゃなかった？」

②受付最終日のはずなのに、国際交流センター主催の箱根旅行に誰も申し込まない。

「箱根旅行の締め切り、確か今日だったよね？」「えっ、来週の金曜日じゃなかった？」

③明日テストがあるはずなのに、友だちが飲みに行こうと誘う。」

「確か、明日はテストだったよね？」「えっ、来週じゃなかった？」

いかがでしたでしょうか。とりあえず、9つのロールプレイから、中級学習者に必要だと思われる文型を取り出してみました。このような作業を続けていけば、中級学習者のニーズに合った中級文型リストが作成できるのではないかと思います。

《タスク3》

以上のような作業を繰り返し、かなりの数のロールカード(タスク)と文型がリストアップされたとします。さて、もしあなたなら、それらを用いて、どのような教材を作りますか。

いろいろな可能性があると思いますが、もし私なら、ぜひ、インターネットを利用した「バンク型教材」を作りたいです。

まず最初に、自分が教えている学習者たちは何を勉強したいのだろうか、と教師が考えます。そして、ある学生の顔が浮かび、「そういえば、オラさんが美容院に行きたいと言っていたなぁ。そうだ、美容院での会話を授業で扱ってみよう！」と思ったとします。そうしたら、ネット上にある「日本語教材」というホームページの画面上で、「美容院」というアイコンをクリックします。すると、「電話で予約する」「美容師に希望の髪形を説明する」「希望の髪型にならなかったので文句を言う」「お金を払う」などといった、学習者の言語活動が出てくるので、そのいずれかを選んでクリックすると、ロールカードと、そのロールを遂行するために必要になるだろうと思われる文型・表現・語彙などが整理された形で出てくる…。

次に、「ゼミ」というアイコンをクリックしたとします。すると、今度は、「ゼミを欠席する旨を指導教官に電話で伝える」「発表の順番を代わってくれるようにゼミの友人に頼む」「ゼミコンパの予約をするために居酒屋に電話をする」などといった言語活動のリストが出てくるので、希望のものをクリックすると、「美容院」の時と同様、その言語活動を基にして作成されたロールカードと、そのロールを遂行するために必要になると思われる文型・表現・語彙などが出てくる…と、まあ、こんな感じです。あるいは、学習者が自学自習できるような仕様にし、世界中の学習者が利用できるようにしてもいいかもしれません。

どのような言語活動を行ない得るかということは、学習者によってかなり異なるのではないかと思われます。それなら、自分が教えている学習者が行ない得る言語活動を題材にした授業をするべきではないでしょうか。そう考えると、紙に印刷され、本という形になったテキストを用いるのではなく、たとえば、ネット上の「バンク型教材」などから、教師がそのクラスに合ったものを取り出して使用するのが望ましいのではないかと思います。

なお、このような「バンク型教材」の構想については、鎌田修他(2004)「欧州諸国と日本を結ぶ日本語教材作りのプロジェクト」『ヨーロッパ日本語教育』第 8 号でも述べられています。興味のある方はご参照ください。

《タスク 4》

「学習者が行ない得る言語活動を洗い出し、その遂行の際に必要となる文法・文型を教える」という考え方の問題点を考えてみてください。

最後に、少し考えておきたいことは、文法・文型を言語活動にくっつけて教えることは、かえって非効率的になることもあるのではないか、ということです。「ゼミコンパの予約をするために居酒屋に電話をする」というロールプレイを行なわせながら「〜たいんですが」という文型を教えるのは、何となく効率がいいような気がします。つまり、「〜たいんですが」という文型は言語活動に従属させて教えると効率的だということです。しかし、助詞の「が」「を」「に」などの使い方をいちいち言語活動とくっつけて教えるというのは、何だかまどろっこしいように思えます。それよりも、「が」は主語を表すだの、「を」は目的語を表すだの、「に」は「行き先」を表すだのと説明し、日本語の簡単な例文と母語での訳文を示した上で徹底的にドリルを行なう、などという教え方をした方が効率的である可能性があります。では、どうすればいいのでしょうか。

本書の第 6 章で、既存の文法項目は活用を分水嶺として 2 つに分類されるべきだ、という提案をしました。活用を習得することは学習者にとっては厄介なことなので、活用の習得を前提としない文法(丁寧形の文法)と活用の習得を前提とする文法(普通形の文法)とに分け、前者を先に教えるべきだ、という提案です。活用の習得を前提としない文法(丁寧形の文法)を使いこなすだけで、理論的には、OPIの中級に行けるはずなのです。それなら、活用の習得を前提としない文法(丁寧形の文法)だけを学習項目として、文法を前面に出した入門用テキストを作り、まずは、そのテキストをごく短期間で済ませてしまう、というのはどうでしょうか。そして、その後に「バンク型教材」で、それぞれの学習者がそれぞれの目的に合った言語活動を選んで、その言語活動の遂行を支える文法・文型を学習するのです。

相撲の能力を向上させるためには、実際に相撲をとること以外に方法はないのですが、しかし、いきなり土俵に上がって相撲をとるよりも、まず、しっかり四股を踏んで基礎体力をつけ、それから土俵に上がって鍛えた方が効果的だ、というような考え方です。いかがでしょうか。

第3部　理解のための文法

OPI の影響が強かったからでしょうか。プロフィシェンシーと言うと、4 技能の中では、誰でも「話す」をすぐに思い浮かべるのではないかと思います。しかし、「話す」だけではなく、「聞く」「読む」「書く」という技能についても、もちろんプロフィシェンシーという概念は存在しているのです。第 3 部では、「聞く」と「読む」のための文法、つまり、理解のための文法について考えます。

第15章　プロフィシェンシーから見た聴解

「話す」時には、多少不十分でも、その不十分さを自力で埋め合わせることができます。「聞く」時には、いい加減でもいいのですが、そのいい加減さが命取りになることもあります。えっ、何を書いているか全然わからないって？　では、本章を読んでみてください！

《タスク1》

聞く能力を測定するテストを開発するとします。たとえば、何ができれば中級で、何ができれば上級なのでしょうか。聞くテストの能力評価基準を考えてみてください。

聞くテストの能力評価基準について考えるために、またちょっとOPIの話をします。第1章でもOPIの説明をしましたが、第1章とは少し視点を変えて説明します。

OPIは、話す能力を測定するためのテストです。そして、もちろん、OPIには話す能力を評価するための基準があります。その基準とは、「総合的タスク／機能」「場面・話題」「正確さ」「テキストの型」という4つの要素であり、OPIでは、これら4要素についての被験者のレベルを総合して、その被験者の話す能力の判定を行なっています。また、これら4つの要素の関係について言えば、これらの中では「総合的タスク／機能」が最も重要であり、他の3要素は「総合的タスク／機能」を支えるためのものだ、というように考えられています。

しかし、私は、「総合的タスク／機能」を中心に考えるよりも、「テキストの型」を中心にして考える方が、OPIの言語能力観がわかりやすいのではないかと思います。具体的に言うと、以下のとおりです。

◇初級：単語しかコントロールできないレベル

◇中級：文をコントロールできるレベル
◇上級：段落をコントロールできるレベル
◇超級：複段落をコントロールできるレベル

つまり、言語の習得過程とは、コントロールできる言語の範囲が「単語→文→段落→複段落」というように拡張していく過程のことだ、ととらえるわけです。初級とは、「文」を安定して産出することができず、基本的に「単語」を産出することでしか会話ができないレベル、中級、上級、超級とは、文、段落、複段落を、それぞれ安定して産出することができるレベルだということです。

OPI の評価基準の基盤が「総合的タスク／機能」であるということと、「単語→文→段落→複段落」という拡張の過程が言語の習得だと考えるということは、特に矛盾することではなく、コントロールできる言語の範囲が広がるにつれて、言語を用いてできることの範囲も広がる、ということなのではないかと思います。

たとえば、OPI の上級レベルの「機能・タスク」には、「説明ができる」ということと「予期しない状況に対応できる」ということがありますが、これらは、どちらも、「段落をコントロールできる」ということがベースにあるのだろうと思います。段落という範囲の言語のコントロールができるからこそ、「説明する」ことができるのであり、また、「説明する」ことができるからこそ、「予期しない状況に対応する」こともできるのではないかと思います。具体的には、たとえば、遅刻の理由を説明したり、自分の故郷がどんなところなのか説明したり、隣人に苦情を言ったりということができるようになるわけです。

聞く能力の場合も、同じように考えればいいのではないかと思います。つまり、聞く能力の向上過程も、「単語→文→段落→複段落」という、コントロールできる言語の範囲の拡張の過程だと考えるということです。

初級とは、「単語」しか聞くことができないレベルです。しかし、ごくたまにでもキャッチできる単語があると、こんな内容のことを話しているのではないか…ということが、何となくぼんやりとわかるのではないかと思います。たとえば、私自身、中国語はほとんどできないのですが、台湾に行った時に、一緒にいた台湾人同士の会話を横で聞いていて、「ニューローミエン」「ワンタンミエン」「タンツーミエン」などという言葉が聞こえたような気がしたので、昼ご飯の話をしているのかな、と思いました。時間がちょうどお昼時だったということも、もちろん、理解の助けになっています。こんなのが、典型的な初級の聞き取り能力です。

中級とは、「文」が聞けるレベルです。文が聞けるということは、たとえば「ジョンがステーキを食べた」という文を相手が発した時に、「ジョン」や「ステーキ」という単語だけでなく、「が」や「を」も含めた「ジョンが」「ステーキを」という文節がしっかり聞けるということです。「ジョンが」という文節と「ステーキを」という文節の意味が正確にわかると、次に来る「食べる」という動詞を、ある程度予測できるようになります。つまり、「が」に前接していることから「ジョン」が動作主だということがわかり、「を」に前接していることから「ステーキ」が動作の対象だということがわかり、その結果、「ジョン」が動作主で、「ステーキ」が対象となる動詞として、「食べる」という動詞が浮かび上がってくるというわけです。そうなると、たとえば、相手が「ジョンがステーキをね、」と言った時に、「ああ、食べたの？」などというように、相手の発話を引き継いで話すことができるようになります。このようなことが、「文」が聞ける、ということです。

次に、上級とは、「段落」が聞けるレベルです。段落が聞けるということは、たとえば、文末のテンス・アスペクト(「た」や「ている」のことです)がしっかり聞き取れ、事柄間の時間的順序が正確に理解できるということです。「昨日デパートでコーヒーカップを買いました。しかし、家で箱を開けたら割れました。」と「昨日デパートでコーヒーカップを買いました。しかし、家で箱を開けたら割れていました。」の違いがわかる人は、文末のテンス・アスペクトがしっかり聞き取れている人だと言えます。前者と後者では、意味がまったく違いますよね。箱を開けた後で割れたのか、箱を開ける前に割れたのかという、2つの事柄の時間的順序が違っているわけです。また、文末のモダリティもある程度聞き取れ、「昨日、学校を休みました。風邪をひいたんです。」という2文の因果関係や、時間的順序も正確にわかるようになるレベルだと言えます。

最後に、超級とは、「複段落」が聞けるレベルです。段落内の細かい要素がほぼ完璧に聞き取れ、したがって、段落間の論理的関係を正確に理解することができたり、また、発話が行なわれている場に関すること、たとえば、話者の待遇的な立場などを推測したりすることもできるようになります。

なお、ここで触れたOPIの能力評価基準については、牧野成一他『ACTFL–OPI入門』(アルク)の中で詳しく説明されています。OPIの能力評価基準について詳しく知りたい方、OPIそのものに興味のある方は、ぜひ読んでみてください。

《タスク2》

外国語を「話す」ことと「聞く」ことと、どちらの方が難しいと思いますか。また、「話す」ことの難しさと「聞く」ことの難しさは、どのように違うのでしょうか。

外国語を勉強している日本人や、日本語を勉強している外国人に、このことを聞いてみましたが、話す方が難しいと言う人も、聞く方が難しいと言う人も、どちらもいました。話す方が難しいと感じている人の言い分は、「聞くのはだいたい大丈夫だけど、話す時に言葉に詰まってしまって困ることが多い」というようなものです。そして、聞く方が難しいと答えた人の言い分は、「話す時は自分が知っている単語や表現を使えばいいけど、聞く時は何を言われるかわからないから困る」というようなものでした。どちらも「なるほど！」という感じですね。

ただ、どちらかと言うと、私から見て、能力が高いと思える人の方が「聞く方が難しい」と答えることが多く、それほど能力が高くないと思える人が「話す方が難しい」と答えることが多かったように思います。

OPIの判定で言えば「上級―下」ぐらいになると、よほど難しいことでない限り、自分が言いたいことはだいたい言えるようになります。逆に、そのぐらいのレベルに到達するまでは、「話したいけど、話せない！」という場面に遭遇することが多く、「話す方が難しい…」と感じさせられるのではないかと思います。しかし、そのレベルを通り過ぎると、自分が話すことに心配がなくなり、今度は、相手がどんな単語や表現を使ってくるのかが心配になる、ということなのではないでしょうか。

ところで、「話す時は自分が知っている単語や表現を使えばいいけど…」というのは、なかなか含蓄のある言葉ですよね。未知語に対する「話す」と「聞く」のスタンスの違いを、うまく言い表していると思います。たとえば、ラジオで「フランスではよくかたつむりを食べます。」と言ったのを聞いたとします。この時、もし「かたつむり」という単語を知らなかったら、この文の内容はまったく伝わりません。

しかし、あるフランス人の日本語学習者が、「フランスではよくかたつむりを食べます。」と言いたいと思った時に、「かたつむり」という単語を知らなかったとしても、「あのう、フランスでは、貝のような小さい動物をよく食べます。その動物は、体が軟らかくて背中に家のような貝があります。雨の日によく現れて、目が棒のように飛び出ています。」などと言えば、たぶん、何を言いたいかはわかってもらえますよね。「話す時は自分が知っている単語や表現を使えばいいけど…」というのは、こういうことだと思います。つまり、話す時には、その単語を知らなかったとしても、「説明する能力」がありさえすれば、問題はないわけです。

聞く時には、「かたつむり」という単語を知らなかったとしても、話を聞いているうちに、どんなものなのか想像できたり、あるいは、そもそも、「かたつむり」の１語がわからなかったぐらいでは、話の理解には支障をきたさないかもしれない、というような「気楽さ」があります。しかし、もちろん、ある１語の意味がわからないために、話の内容全体がわからなくなるということもあるだろうと思います。

結局、何が言いたいのかというと、未知語に対するスタンスが、「話す」と「聞く」とでは、まったく違うということです。話す場合には、「説明する能力」がある人は、未知語はそう怖くはなく、「説明する能力」がない人は、未知語が怖いわけです。極端に言えば、話す時には、「説明する能力」さえ十分にあるのなら、「語彙」を増やすことは、それほど真剣に考える必要はないということです。

一方、聞く活動の場合は、「語彙」の問題を無視することはできません。相手が自分の未知語を使ってきた時に、すぐに、その意味を聞き返すことができるような状況であれば、問題はないかもしれませんが、たとえば、講義を聞いていたり、テレビやラジオのニュースを聞いていたり、というような状況においては、相手が、たまたま、自分の未知語を使ってしまえば、それでおしまいです。だから、聞く活動を滞りなく遂行するためには、「語彙」を増やすことが、必要不可欠になってきます。

相手が、その未知語の意味を類推できるような話し方をしてくれたり、あるいは、その単語の意味がわからなくても困らないような内容の話をすることもあるでしょう。しかし、そうでない場合も、もちろんありますよね。つまり、聞く活動の場合には、話す活動と違って、未知語にぶつかるか否かということを自分でコントロールすることができないということです。

《タスク 1》のところで、「言語の習得過程とはコントロールできる言語の範囲の拡張の過程だ」と書きましたよね。つまり、コントロールできる言語の範囲が「単語→文→段落→複段落」というように拡張していくのが、言語の習得過程だということです。しかし、実は、この考え方には、「語彙の獲得」という要素が欠落しています。

「単語→文→段落→複段落」というヨコ方向への拡張の過程は、主に、助詞や接続詞や指示詞といった「文法」の習得と密接に関わるものだと言えます。たとえば、「弟」「学校」「休む」という単語が、「が」「を」「た」などの助詞や助動詞の力によって「弟が学校を休みました」という文になったり、「弟が学校を休みました」「風邪をひきました」「急に寒くなりました」という文が、「のだ」「から」「ね」の力によって「弟が学校を休みました。風邪をひいたんです。急に寒くなりましたからね。」という段落になったりするというプロセスを見ると、「文法」の力を実感することができるのではないかと思います。

このようなヨコ方向への拡張だけでなく、たとえば、「弟が学校を休みました」の「学校」を「会社」「塾」「ピアノのお稽古」「書道教室」「クラブ活動」などに変えられるようになるというような、タテ方向への拡張という一面も、言語の習得にはあります。ヨコ方向への拡張が、主に「文法」の習得によるものであるなら、タテ方向への拡張の過程は、主に「語彙」の獲得によるものだと言えます。ちなみに、本書で言う「ヨコ方向」のことを、言語学では「syntagmatic」と言い、「タテ方向」のことを「paradigmatic」と言っています。文の同じ位置に来得る語が「paradigmatic」な関係にある語で、同じ位置に来ない語が「syntagmatic」な関係にある語です。

次の(1)に示したように、「ビール」「日本酒」「冷酒」「ひれ酒」「どぶろく」「般若湯」は、どれも「私は(　　)を飲んで酔っ払いました」の(　　)に来得るものなのでparadigmaticな関係にあると考えられます。また、日本語学習者にとっては、概ね「ビール→日本酒→冷酒→ひれ酒→どぶろく→般若湯」という順で、語の難易度が上がっていっているのではないかと思います。おそらく、学習者にとっては、「ビール」より「日本酒」は疎遠であり、「冷酒」「ひれ酒」「どぶろく」になると、疎遠なだけでなく意味が詳細であり、さらに、「般若湯」には宗教という抽象的な意味合いも加わっています。

（1）　言語のparadigmaticな広がり：身近→疎遠・詳細・抽象
私はビールを飲んで酔っ払いました。
↓日本酒
↓冷酒
↓ひれ酒
↓どぶろく
↓般若湯

一方、次の(2)は、言語能力がsyntagmaticに高まっていく様子を表しています。

（2）　言語の syntagmatic な広がり：単語→単文→複文→段落→複段落

a）私、飲む、ビール、

b）私はビールを飲みました。

c）私はビールを飲むと、すぐに酔っ払ってしまいます。

d）私はビールを飲むと、すぐに酔っ払ってしまいます。でも、おいしいビールって、体の健康にも心の健康にもいいと思うんです。だから、→→→

a）は、単語を並べているだけですが、b）は単文、c）は複文、d）は段落になっており、それがさらに広がると複段落になります。日本語学習者にとっては、「話す」「書く」という産出の面から見ても、「聞く」「読む」という理解の面から見ても、a）→ b）→ c）→ d）という順で、処理の難易度が上がっていきます。

要は、言語形式のつながりが、(1)のようにタテ方向にできていくのか、(2)のようにヨコ方向にできていくのか、ということなのですが、言語能力は、この両者の充実によって向上していきます。そんな中で、主に「syntagmatic な広がり」の手助けをすることが、文法の役割だということです。

話す能力の向上を考える場合には、主に、ヨコ方向への拡張のことを考えればいいのですが、聞く能力の場合には、ヨコ方向への拡張だけでなく、タテ方向への拡張も考えなければならないのです。また、ヨコ方向への拡張の過程、つまり「文法」の習得過程は、どんな学習者でも、だいたい同じようなものになるだろうと思われますが、タテ方向への拡張の過程、つまり「語彙」の獲得の順序は、学習者の興味や関心によって、大きく変わる可能性があります。だから、「文法」よりも「語彙」の方が、一律に教育することが難しく、したがって、話す教育よりも聞く教育の方が、一律に行なうことが困難だということになります。

第16章　予測

「確かにあなたのおっしゃったことは正しいと思います。」と言われると、何となく、その後に反論されそうな気がしませんか。つまり、これは、反論することが予測できる文だということです。この章では、予測という現象について考えてみたいと思います。

《タスク1》

「バスがなかなか…」の後にどのような言葉が続くか、予測してみてください。また、「このバスはなかなか…」の後にはどのような言葉が続くか、予測してみてください。

「バスがなかなか…」の後には、「来ない」「出発しない」「動かない」など、動詞の否定形が続き、「このバスはなかなか…」の後には、「乗り心地がいい」「快適だ」など、形容詞が続くのではないかと思いますが、いかがでしょうか。両者は、「この」の有無と、「が」と「は」のどちらを使うか、という点が違っているだけなのですが、次に続くであろう言葉には、かなり大きな違いがあるようです。

「なかなか」という副詞には、ごく大雑把に言うと、文末が動詞の否定形になって、もどかしさを表すという用法(「なかなか名前が覚えられない」「仕事がなかなか終わらない」など)と、文末が形容詞になって、良さを表すという用法(「彼はなかなかハンサムだ」「あの店の天ぷらはなかなか美味しい」など)とがあります。つまり、文末を見れば、どちらの用法であるかがわかるのですが、しかし、「バスがなかなか…」と「このバスはなかなか…」の２つを見るだけでも、どちらの用法になるのかは、だいたい予測できます。「バスがなかなか…」なら、文末が動詞の否定形になって、「もどかしさを表す」という用法になり、「このバスはなかなか…」だと、文末が形容詞になって、「良さを表す」という用法になるのだということが、概ね、予想できるのではないでしょうか。

日本語は、英語などとは異なり、述語が最後に来るため、最後まで聞かなければ文の意味がわからない、などと言われることがあります。もし、それが本当だとすると、日本語は、英語に比べて、恐ろしく効率の悪い言語だということになってしまいます。「バスがなかなか来ない。」という文を考えた場合、「ない」という否定辞は文の一番最後にありますよね。だから、この文の意味が肯定なのか否定なのかということは、確かに、文末で確定するのでしょう。しかし、現実には、「バスがなかなか」の部分だけを聞いても、多くの日本人は、その文の意味が否定であることを予測するだろうと思います。ということは、確かに否定辞は文末にあるのだが、否定辞が文末に現れることを予測させるサインは、もっと早くに現れている、ということです。

ここで、「バスがなかなか」と「このバスはなかなか」の予測についての種明かしをしたいと思います。「なかなか」が使われている文における、「なかなか」以前の部分からの「なかなか」以後への予測には、次の２つのことが関わっています。１つめは、「なかなか」以前にある主語を「が」か「は」のいずれでマークするかということで、そして、２つめは、「この」の付加などが大きく関わるのですが、主語が、そのものの姿を具体的に思い浮かべられるような特定されたものであるか否か、ということです。

「バス」と言うだけでは、ある特定のバスのことを具体的に思い浮かべることができませんが、「このバス」と言う場合には、目の前にバスがあるわけですから、もちろん、ある特定のバスのことを具体的に思い浮かべることができますよね。だから、そのバスがどのようなバスであるのかを述べること、つまり、そのバスの性質を述べることが容易になり、そこに「主題」を表す「は」が付くと、これに後続する言葉が「このバス」の性質について述べるものになるであろうことが、予測されるようになるわけです。さらに、「このバスはなかなか」というように「なかなか」が付くと、性質の中でもいいもの、つまり、「このバス」のいい性質が後続部分で述べられるということが、予測されるようになるのだと思います。

逆に、ただ「バス」と言うだけでは、ある特定のバスのことを具体的に思い浮かべることができません。さらに、「は」ではなく「が」が続くと、名詞述語・形容詞述語が非常に続きにくくなります。「バスが」に名詞述語・形容詞述語が後続している「バスが乗り物だ。」「バスが大きい。」などの文は、何となく不自然ですよね。だから、「バスが」に「なかなか」が付いた時にも、名詞述語や形容詞述語が続くのではなく、動詞の否定形が続いて、「その動作がスムーズに行なわれず、もどかしい」という用法になることが予測されるのだと思います。

実際の発話の中では、よく主語が省略されますし、文が長いと、どれが主語なのかはっきりわからないこともあります。しかし、そのような場合でも、「なかなか」の部分までを聞くことによって、後続の発話が予測でき、「もどかしさを表す用法」になるのか「良さを表す用法」になるのかがわかることが多いです。次の発話を読んでみてください。この発話はOPIの超級話者のものです。〈　〉の中の言葉は、テスターによる相づちです。

（1）　それを一般の人たちにどう理解、〈うん〉してもらおうとか、〈ええ〉理解してほしいって言ってもなかなか、〈うん〉外側の人間から見ても、んな、〈うん〉なんか不思議な感じだけがこう膨らむだけ、〈はー〉で、〈はい〉実質的なその内容は、〈ええ〉まったくわからないと思うんですよね、

2行めの「なかなか」は、4行めの「わからない」に係っているのではないかと思われます。ですから、4行めの「わからない」までを聞くと、この「なかなか」の用法が「もどかしさを表す用法」であることを確認することができるのですが、しかし、直前に、逆接の意味を表す「ても」があることもあり、仮に「なかなか」の部分で聞くのをやめてしまったとしても、述語に来るのは形容詞や名詞ではなく、動詞の否定形だということが十分に予測できるのではないかと思います。「日本語は最後まで聞かないと文の意味がわからない」などということは決してなく、文の途中までしか聞かなかったとしても、述語部分までをかなりしっかり予測できることが多いのです。

次の会話も、OPIのインタビューで観察されたものです。被験者は、先ほどと同一の超級話者です。

（2）　テスター：現実的にはまわりを見て、自分、まわりと自分を比べてしまうからーなかなか、そういうふうな、
被 験 者：そうですねえ、そういうこと、やっぱり言ったらーもう人に経済的な、〈ええ、えーえー〉こう金銭感覚をどう身につけるか、〈んー〉つけるかっということでー、〈んーんー〉起こる問題であるんですけど、

テスターは、「なかなか」という語を使っていますが、その文を最後まで発話することなく、途中でやめてしまっていますよね。しかし、被験者は、テスターの発話が途中で終わっていることをまったく意に介することなく、会話を続けているように見えます。この「なかなか」の後に動詞の否定形が続き、「もどかしさを表す用法」になるであろうことを完全に予測しきっているから、テスターの発話を文末まで聞かなくても、自信を持って、次の自分の発話を行なっているのではないかと思います。さすが、超級話者ですね。学習者もこのぐらいのレベルになると、「なかなか」をうまく使用して自分の発話を予測させることも、「なかなか」を聞くことによって、相手の発話を予測することも、問題なくできるようになるようです。

なお、ここで書いた内容は、酒井智香子・山内博之（2004）「『なかなか』『あげく』『確かに』の用法に関する予測文法的研究」（『実践国文学』第66号）を参考にしていますので、興味のある方は、ご覧になってください。

《タスク2》

「今晩、時間がありますか？」とある人が聞き、あなたが「はい。」と答えたとします。その人が次に言うであろう言葉を予測してみてください。

「今晩、時間がありますか？」と聞かれたら、その次には、「食事でも一緒

にどうですか。」とか「焼き鳥でも食べに行きませんか。」とかというような、誘いの言葉が来るのではないかと思いますが、いかがでしょうか。あるいは、「実は、お願いしたいことがあるのですが」とか「レポートの添削をしてもらえないでしょうか」というような、依頼の言葉が続くかもしれませんね。つまり、「時間があるか？」という問いかけからは、勧誘あるいは依頼の言葉が予測できるのではないかということです。

このような予測能力は、聞き取り能力の不備を補い得るものです。次の会話例を読んでみてください。これは、OPIで観察されたものではなく、私が作った会話例です。

（3）　鈴木：ムンさん、今晩、時間がありますか。
　　　ムン：はい。
　　　鈴木：駅前に新しくできた「明月館」という店の焼き肉が、霜降りですごく美味しいらしいんですよ。焼き肉屋は１人では入りにくいから、誰かと一緒に食べに行きたいなぁと思っているんですけど。

鈴木さんの１つめの発話は簡単ですが、鈴木さんの２つめの発話はずいぶん難しいですよね。だから、もしムンさんがまだあまり日本語が上手でないなら、２つめの発話を完全に聞き取ることはできないかもしれません。しかし、１つめの発話である「今晩、時間がありますか」が理解できれば、２つめの発話がまったく聞き取れなかったとしても、「たぶん何かをしようと誘われているのだ…」と考えて、会話を続けることができるでしょう。さらに、もし、ムンさんが「焼き肉」という一語だけでも聞き取ることができたなら、鈴木さんの２つめの発話の内容が「焼き肉を一緒に食べようと誘っている」のではないか、と推測することができるだろうと思います。

いかがでしょうか。聞き取り能力の不備を補うために、この章のテーマである「予測」も、もちろん重要ですが、さらに「推測」も、なくてはならないものなのです。

ただし、この《タスク 2》における予測と推測は、文法とは直接的な関わりはありません。《タスク 1》の「バスがなかなか…」と「このバスはなかなか…」の予測には、「この」「は・が」という文法の理解が大きく影響していましたが、《タスク 2》はそうではありません。文法は予測や推測のための 1 つの道具にすぎない、ということなのでしょう。

なお、「推測」については、松崎寛(2005)「聞くための日本語教育文法」(野田尚史編『コミュニケーションのための日本語教育文法』くろしお出版)に詳しく説明されていますので、興味のある方は、ご参照ください。

《タスク 3》

「その先生は」の後にどんな文が続くか予測してください。次に、「その先生は私に」の後にどんな文が続くかを予測し、両者の予測にどのような違いがあるか、考えてください。

日本語の予測に関する研究の歴史は非常に浅いのですが、その先駆けとなっているのが、寺村秀夫先生の「聴き取りにおける予測能力と文法的知識」(『日本語学』1987 年 3 月号)という論文です。寺村先生は、約 40 名の日本人に対して、ある実験を行ない、その結果を論文にまとめました。その実験とは、ある小説の中の 1 文を、文頭から 1 文節ずつ示して、その文節に続くであろう言葉を予測して文を書かせる、というものです。

最初に、「その先生は」だけを見せて、インフォーマントたちに後続する文を予測させて書かせると、「やさしい人だ」「阪神タイガースのファンだ」などの名詞文、「優秀だ」「暗い」などの形容詞文、「僕にこう言った」「突然教室を出て行った」などの動詞文、というように、様々なタイプの文が現れたそうです。しかし、次に、「その先生は私に」を見せて後続する文を書かせると、「本をくださった」「答案を返した」「注意をした」など、すべての文が動詞文になり、しかも、使われた動詞のほとんどが、「言う」のような発話に関するものか、「くれる」のような授受に関するものか、どちらかになったのだそうです。そして、さらに、「その先生は私に国へ」までを見せて文を作らせると、「帰れと言った」のように、「帰る」という動詞が「言う」などの発話に関する動詞とともに使われる例が大勢を占め、授受動詞は１つも現れなくなったそうです。次に、「その先生は私に国へ帰ったら」までを見せて文を作らせると、「両親によろしくと言った」「親孝行をするようにしろと言った」などのような、「親」に関わる内容の文が目立って増えていました。

いかがでしょうか。文を後ろへと読み進むにつれて、予測の内容が少しずつ絞られていく様子がよくわかりますよね。文を聞いたり読んだりする時には、日本人は、このような「予測」を行なっているはずですし、また、文を聞かせたり読ませたりする時には、相手が「予測」しやすいような発話や記述を行なっているはずです。

しかし、「予測」という言語活動を意識した日本語の授業は、現時点では、まだあまり行なわれていないのではないでしょうか。今後は、特に、聴解や読解の授業では、文章の途中までを聞かせて（読ませて）次の内容を予測させる、というような練習をどんどん行なっていくべきだと思います。また、次の内容が予測できるということは、それまでの部分がしっかり理解できているということでもあるでしょうから、テストなどにも、このような考え方を利用することができるだろうと思います。

column 6

パーティー学入門

留学生たちといい雰囲気でパーティーを開くことができるようになれば、しめたもの。そのクラスの授業は、絶対にうまくいくようになります。しかし、いい雰囲気でパーティーを開くというのは、案外難しいことだと思います。まず、教師が発案して、教師が準備するパーティーでは絶対にダメです。４月から始まるコースの場合なら、遅くとも５月中旬ぐらいまでには、「みんなでパーティーをしよう！」と、クラスの誰かが自発的に言いだすようになっていなければいけません。
授業後にパーティーをすればいいのに、わざわざ授業を休講にして、その時間にバーベキューをしたこともあります。どうしてわざわざ休講にしたのかというと、その方が盛り上がるからです。「おっ、この先生、なかなかやるじゃないか…」という感じです。しかし、そんなことをすると、まわりの先生との調整が非常に大変になります。また、パーティーの鉄則は「全員参加」です。授業中の発話の機会を平等に与えなければいけないのと同様、いや、それ以上に、パーティーでは全員参加の原則を徹底する必要があります。しかし、参加を強制してはいけません。だから、いい雰囲気でパーティーを行なうというのは、本当に骨の折れることなんです…。
留学生たちとのパーティーのために、タコ焼きを焼く器械を買いました。「生地を入れてください」「キャベツと紅ショウガを入れてください」「ひっくり返してください」「青のりとソースをかけてください」などと指示しながら留学生たちに焼いてもらうと、１時間もしないうちにタコ焼き作りに必要な単語と文型が定着します（タコ焼き的 TPR です…）。また、「パーティーをするからうるさくなるかもしれない」と階下の人に断りを入れに行ってもらったり、翌週の授業で、パーティーで活躍した友だち（留学生の中にも宴会部長がいます）の様子を描写する練習をしたり、などということもします。手間もかかるけど効果も大きい、それがパーティーです！

第 17 章　小説を読むための文法

言語を使用するために必要な文法と言語を理解するために必要な文法は別のものだ。それが、この章で主張したいことです。学習者にとっては、使用文法と理解文法が別のものであるということを、データを挙げて示したいと思います。

《タスク 1》

使用文法と理解文法を分けて考えることは、必要なことなのでしょうか。そもそも、理解文法などというものは、本当に存在するものなのでしょうか。考えてみてください。

日本語の授業で、学習者に小説を読ませてみたとします。しかし、1 冊の小説を最初から最後まで読みきるというのは、日本語学習者にとってはかなり大変なことなので、ほとんどの学習者は最後まで読むことはできないでしょうね。まだ日本語能力が低い学習者は、もしかしたら最初の 1 文も読めずに挫折してしまうかもしれません。もう少し能力の高い学習者は、1 段落ぐらい読めるかもしれません。そして、もっとレベルの高い学習者なら、4 ～ 5 段落、あるいは数ページぐらい読めるかもしれません。

日本語力が高くない学習者が長い文を読めない理由は、いろいろあると思います。語彙力の不足は、その筆頭でしょうが、文法という面から見た場合、長い文を読めなくしている要因は、一体何なのでしょうか。小説を読み進んでいくうちに、だんだん難しい文法形式が出てくるようになるのでしょうか。それを知るために、①小説の最初の 1 文に出てくる文法形式、②小説の最初の 1 段落に出てくる文法形式、③小説の最初の 4 段落に出てくる文法形式、の 3 者がどのように違うのか、ということを調べてみました。

調査データとしては、『CD-ROM 新潮文庫の 100 冊』の中から、昭和生まれの 22 作家の 22 作品を選びました。その 22 作品は、以下のとおりです。

有吉佐和子『華岡青洲の妻』、赤川次郎『女社長に乾杯！(上)・(下)』、井上ひさし『ブンとフン』、五木寛之『風に吹かれて』、大江健三郎『死者の奢り・飼育』、開高健『パニック・裸の王様』、北杜夫『楡家の人びと(上)・(下)』、倉橋由美子『聖少女』、沢木耕太郎『一瞬の夏(上)・(下)』、塩野七生『コンスタンティノープルの陥落』、椎名誠『新橋烏森口青春篇』、曽野綾子『太郎物語』、高野悦子『二十歳の原点』、田辺聖子『新源氏物語』、筒井康隆『エディプスの恋人』、野坂昭如『アメリカひじき・火垂るの墓』、藤原正彦『若き数学者のアメリカ』、三浦哲郎『忍ぶ川』、宮本輝『錦繍』、村上春樹『世界の終りとハードボイルド・ワンダーランド』、吉村昭『戦艦武蔵』、渡辺淳一『花埋み』

これら 22 作品の中から最初の 1 文を抜き出すと、全部で 22 個の文が集まりますよね。そして、最初の 1 段落を抜き出すと、22 個の段落が集まります。同様に、最初の 4 段落を 22 作品の中から抜き出してくると、計 88 個の段落が集まります。これら 3 者を、それぞれ茶筌にかけて形態素解析をし、どのような文法的形態素が出現したのかを調べました。もちろん、これら 3 者はデータ数がかなり異なっており、言うまでもなく、「最初の 1 文」より「最初の 1 段落」のデータ数が圧倒的に多く、さらに、「最初の 1 段落」より「最初の 4 段落」の方が圧倒的に多い、というようになっています。

次ページからの表を見ていただきたいと思います。まず、表 1 は、格助詞の出現数についてまとめたものです。「まで」は茶筌では、すべて「副助詞」にされてしまうのですが、ここでは、これらを格助詞だとみなして、表に含めました。そして、表 2 は、とりたて助詞の出現数についてまとめたものです。茶筌では、「係助詞」もしくは「副助詞」というタグが付いています。次の表 3 は、助動詞「のだ」、及び、名詞節を構成する「の」「こと」の出現数についてまとめたものです。茶筌のタグは「助詞―連体化」もしくは「名詞―非自立一般」となっています。続く表 4 は、助動詞と補助動詞の出現数についてまとめたもの、表 5 は、否定辞の出現数についてまとめたものです。

表1. 格助詞の出現数

機能語	品詞	1文	1段落	4段落
が	助詞―格助詞――一般	11	42	170
を	助詞―格助詞――一般	21	56	263
に	助詞―格助詞――一般	23	55	330
へ	助詞―格助詞――一般	4	7	26
と	助詞―格助詞――一般	1	5	32
と	助詞―格助詞―引用	2	9	53
から	助詞―格助詞――一般	2	9	47
で	助詞―格助詞――一般	4	14	91
の	助詞―格助詞――一般	1	5	40
まで	助詞―副助詞	0	4	23
より	助詞―格助詞――一般	0	0	6

表2. とりたて助詞の出現数

機能語	品詞	1文	1段落	4段落
は	助詞―係助詞	27	70	303
も	助詞―係助詞	4	17	100
だけ	助詞―副助詞	1	4	19

表3. ノダ・名詞節の出現数

機能語	品詞	1文	1段落	4段落
の	助詞―連体化	37	91	452
の	名詞―非自立――一般	3	13	77
こと	名詞―非自立――一般	7	15	60

表4. 助動詞・補助動詞の出現数

機能語	品詞	1文	1段落	4段落
(ら)れる	動詞―接尾	2	10	59
らしい	助動詞	1	3	4
よう	名詞―非自立―助動詞語幹	1	3	32
いる	動詞―非自立	7	28	130
ある	助動詞	4	14	53

表 5. 否定辞の出現数

機能語	品詞	1 文	1 段落	4 段落
ない	助動詞	6	21	76
ぬ・ず・ね	助動詞	2	3	16

これら 5 つの表の特徴を一言で言うと、最初の 4 段落で出現している形態素は、ほとんどすべて最初の 1 段落でも出現しており、最初の 1 段落で出現している形態素は、ほとんどすべて最初の 1 文でも出現している、ということです。つまり、格助詞、とりたて助詞、助動詞「のだ」、名詞節を構成する「の」「こと」、助動詞、補助動詞、否定辞に関しては、最初の 1 文から容赦なく出現して、学習者たちに襲いかかって(?)いくということです。

本書の第 6 章で、中級話者は、助動詞や補助動詞などのような、動詞の普通形に接続する文法的形態素を使うことがあまりない、ということを述べました。また、助動詞「のだ」や名詞節を構成する「の」「こと」、否定辞「ぬ・ず・ね」なども、中級話者にはあまり使用されない形態素です。逆に言えば、これらの形態素を使用できなくても中級にはなれる、ということです。しかし、学習者が「読む」という活動を行なう際には、これらの形態素は、最初の 1 文から容赦なく出てきてしまいます。つまり、学習者が使用すべき文法と理解すべき文法は決して同一ではない、ということです。日本語教育の世界においては、やはり使用文法と理解文法は、分けて考えるべきなのではないでしょうか。

《タスク 2》

《タスク 1》の続きです。小説を読み進んでいくうちに、新たに現れてくる文法的形態素があるのですが、それは何だと思いますか。

正解は、接続詞と指示詞です。接続詞と指示詞に関しては、小説を読み進んでいくと新たな形式が出現していきます。

まず、次ページの表 6 を見てください。表 6 は、接続詞の出現数についてまとめたものです。表 6 を見ると、最初の 1 文で出現するものはほとんどないが、しかし、１段落になると少し種類が増え、４段落になると、さらに出現する種類が増えていく、ということがわかります。

次に、表７を見ていただきたいのですが、表７においても、表６とまったく同じことが言えます。１文、１段落、４段落と進むにつれて、出現する形式の種類が増えていっていますよね。

日本語学的に考えた場合に、「理解文法」というものが存在するかどうかは、私にはよくわからないのですが、「日本語学習者にとっての文法」ということを考えた場合には、日本語を使用するための文法と、日本語を理解するための文法とは、区別する必要があると思います。つまり、日本教育とい

表 6.　接続詞の出現数

機能語	品詞	１文	１段落	４段落
そして	接続詞	1	2	5
また	接続詞	1	1	3
しかし	接続詞	0	2	8
あるいは	接続詞	0	2	5
いや	接続詞	0	2	2
だが	接続詞	0	1	4
しかも	接続詞	0	1	3
ただ	接続詞	0	1	2
すると	接続詞	0	0	3
けれども	接続詞	0	0	2
たとえば	接続詞	0	0	2
ところが	接続詞	0	0	2
おまけに	接続詞	0	0	1
が	接続詞	0	0	1
こうして	接続詞	0	0	1
そうすると	接続詞	0	0	1
それから	接続詞	0	0	1
それに	接続詞	0	0	1
だって	接続詞	0	0	1
つまり	接続詞	0	0	1
本当は	接続詞	0	0	1

う枠組みの中では、使用文法と理解文法は別物であり、それぞれ独自の体系を考えなければならない、ということです。日本語教育における理解文法がどのようなものであるべきか、ということについては、次章で議論したいと思います。

表 7. 指示詞の出現数

機能語	品詞	1 文	1 段落	4 段落
それ	名詞―代名詞――般	0	10	28
これ	名詞―代名詞――般	0	1	8
そこ	名詞―代名詞――般	0	1	8
ここ	名詞―代名詞――般	0	0	4
それら	名詞―代名詞――般	0	0	2
あちら	名詞―代名詞――般	0	0	1
こちら	名詞―代名詞――般	0	0	1
そっ	名詞―代名詞――般	0	0	1
そう	副詞―助詞類接続	0	2	6
こう	副詞―助詞類接続	0	0	1
こんなに	副詞―助詞類接続	0	0	1
その	連体詞	3	6	51
この	連体詞	0	4	24
そんな	連体詞	1	2	4
こんな	連体詞	0	0	5
あの	連体詞	0	0	3

第18章　使用文法と理解文法の関係

前章では、学習者が日本語を使用する時に必要とする文法(使用文法)と、日本語を理解する時に必要とする文法(理解文法)とが、別のものであるということを述べました。この章では、使用文法と理解文法の違いについて、もう少し深く考えてみたいと思います。

《タスク 1》

「話す」活動を考えた場合、動詞を活用させることは学習者にとっては難しいことだということを、第6章で書きました。つまり、使用文法においては、動詞の活用は学習者にとって負担の重いものであったわけです。では、「聞く」「読む」活動においては、どうでしょうか。理解文法において、動詞の活用が負担の重いものであるかどうか、考えてみてください。

本書の第6章では、学習者にとって動詞の活用を習得するのは困難なことだ、ということを書きました。その根拠は、OPIの中級話者は助動詞、補助動詞、接続助詞をあまり使用していないのだが、助動詞、補助動詞、接続助詞には、動詞を活用させて接続させなければならないという共通点がある、ということでした。つまり、動詞の活用ができないから、助動詞、補助動詞、接続助詞の使用もできないのだろう、ということです。

このように、「話す」もしくは「使用する」という活動においては、動詞の活用は、学習者にとってコストの高いもの、負担の大きいものである可能性が高いわけなのですが、「読む」「聞く」という「理解する」活動においてはどうなのでしょうか。次の(1)と(2)を見てください。

（1） 鈴木さんたちは海で泳ぎました。

（2） 鈴木さんたちは海で泳いだ。

話したり書いたりする場合には、(1)と(2)は、学習者にとってかなり負担が違うのではないかと思います。(1)では、「泳ぎました」という「泳ぎます」の過去の形が使われています。つまり、「ます」を「ました」に変えるというルールを適用しているのですが、このルールはすべての動詞に共通するものであり、五段動詞のみに適用される、というようなものではありません。だから、この動詞は五段活用なのだ、とか、一段活用なのだ、とか、サ変なのだ、というようなことを考える必要がまったくありません。動詞の活用のことを考えなくても、「泳ぎました」という形を作ることができます。しかし、(2)を話したり書いたりする場合には、「泳ぐ」が五段活用であるということのみならず、「く」または「ぐ」で終わる動詞だ、ということまで意識している必要があります。そうでなければ、「泳いだ」という形を作ることはできません。つまり、「泳ぎました」を話したり書いたりするか、「泳ぐ」を話したり書いたりするか、では、学習者の負担がまるで違うということです。

一方、聞いたり読んだりする場合には、「泳(およ)」という動詞の語彙的意味を示す部分と、「た・だ」という過去の意味を示す部分とが理解できていればそれでいいわけですから、活用のことをそれほど意識する必要はないだろうと思います。つまり、聞いたり読んだりする場合には、(1)と(2)に関しては、学習者の負担度はあまり変わらないということです。

しかし、次の(3)を聞いたり読んだりすることは、先ほどの(2)を聞いたり読んだりするのとでは、学習者の負担度はかなり違うでしょうね。

(3)　鈴木さんたちは海で泳いだらしい。

学習者が聞いたり読んだりする場合、(3)の文は、(2)の文よりも明らかに負担が重いと思われますが、その原因は、「泳いだ」という普通形が使われていることにあるのではなく、「らしい」が付加されていることにあると考えられます。「らしい」は、話者がその文を推量して述べていることを表す形式ですよね。(2)にはそれがありませんが、(3)にはあります。つまり、(3)

は、(2)と比べると、意味が1つ多く付加されているから理解する際の負担が重い、ということです。

聞いたり読んだりする場合、つまり、理解する場合に関して、「活用」というものが難しいか否かと問われれば、その答えは「難しくない」ということになります。しかし、現実的なことを考えると、「活用」は、主に後ろに他の文法的要素をつなげるためのものであるので、その意味では、動詞を活用させるということは、後ろに何らかの要素を加え、意味を1つ付加するということであり、したがって、「活用」は難しいということになります。

「活用」に関して、「使用」「理解」という観点から、これまでに述べてきたことをまとめたものが、次の(4)です。

（4）　使用：活用させること自体が負担。他の形態素を接続させるのは、さらに負担。
　　　理解：活用自体は負担ではない。しかし、他の形態素が接続されていることは負担。

また、「使用」を考えた場合には、学習者にとっては、活用させること自体が負担であるので、普通体で話すということは、大きな負担になります。しかし、「理解」を考えた場合には、活用自体は負担ではないので、普通体の発話を聞いたり、普通体の読み物を読んだりすることは、それほど負担であるとは考えられません。発話や文章のスタイルが普通体であるか丁寧体であるかということに関して、ここで述べたことをまとめると、次の(5)のようになります。

（5）　使用：普通形を作ることが負担だから、普通体で話すことは、もちろん負担。
　　　理解：普通形そのものは負担ではなく、そこに何かが接続されていることが負担。だから、動詞の後に何も接続されていないのなら、普通体は負担ではない。

(4) (5)の内容を受けて、初級の教育方針をまとめると、次の(6)のようになります。

（6）　使用：普通形・普通体は使用させない。
　　　理解：初級から普通体の文章を与えても問題はない。ただし、動詞の後に何かを接続させると負担になるので、そこには考慮が必要。

「使用」に関する教育と、「理解」に関する教育とでは、直接的であるか間接的であるかという差はあれ、どちらも「活用」によって初級という大枠が設定されている、というのが、初級の使用文法と理解文法に関する私の主張です。

《タスク 2》

読解の授業で、学習者に、生の素材を読ませるのがいいのか、それとも、教師がリライトして難易度を調整したものを読ませるのがいいのか、どちらがいいと思いますか。

前章で見たように、たとえば小説を読む際には、かなり難しい文法項目、具体的に言うと、中級学習者が「使用」していないような項目が、冒頭の 1 文から出現します。日本語学習を始めたばかりの人はもちろんのこと、もしかしたら、話すことに関しては中級の能力がある学習者でさえ、小説の最初の 1 文すら読むことができない可能性があります。

このように書くと、「そもそも小説は難しいものなんだから、最初の 1 文も難しくて当然だ。もっと別の素材を探してくれば、そのような問題は起こらないだろう」と考える方がいらっしゃるだろうと思います。そこで、看板や新聞のチラシなどから、1 文で完結している文章を、100 例集め、それを分析してみることにしました。たとえば、以下のような文です。

（7）　定価はカバーに表示してあります。

（８） 営業日・営業時間などは、あらかじめ各施設にお問い合わせください。
（９） 旅行会社では取り扱っておりません。
（10） 電話(自動音声案内)・FAX・インターネット・携帯電話サイトからお申し込みいただけます。
（11） 24時間対応しております。
（12） 開封後はポリ袋・密閉容器などに入れて冷蔵庫で保存してください。
（13） 日程や内容などは変更になることもあるので事前に確認を。
（14） 上記は本体価格です。
（15） パスワードを忘れた場合は、ここをクリックしてください。
（16） ご優待クーポンブックはホームページからもご請求いただけます。

確かに外国人学習者が小説を読むことはあまりないかもしれませんが、日本で生活している学習者なら、このような文を見かけることは十分にあり得ますよね。しかも、これらは、基本的に１文のみで完結している文章です。だから、学習者が日常生活で見かけ得る文章の中で、最も簡単な文章であるとも言えます。

しかし、これら100例を茶筌にかけて形態素解析をしてみたところ、前章の表１～表５で挙げた形態素は、格助詞「まで」を除き、すべて出現していました。つまり、格助詞、とりたて助詞、助動詞「のだ」、名詞節を構成する「の」「こと」、助動詞、補助動詞、否定辞に関しては、小説の冒頭の１文と同様、これら100例にも容赦なく出現しているということです。

これらのことから、やや思いきって結論を述べてしまうと、日本語の初級クラスでは、生の素材を提示したとしても、そのすべてを理解することは非常に難しい、ということになります。では、どうすればいいのでしょうか。その答えは２つあります。

１つは、生の素材を提示する代わりに、学習者に課すタスクを簡単なものにするということです。たとえば、次の文が載っているチラシを見せ、それがどんな店の広告なのかを考える、というタスクを課します。

(17)　江戸時代に出版されたあらゆるジャンルの和本・浮世絵版画・古地図の専門店です。

日本語を習い始めたばかりの学習者なら、この文のすべてを理解することはできないでしょうが、しかし、「本」「店」「です」が理解できれば、タスクを遂行できる可能性があります。要は、スキミング・スキャニング(飛ばし読み・拾い読み)を行なわせるようなタスクを与えるということです。

もう 1 つは、リライトして、あるいは日本語教師が文章を書いて、読み物のレベルを学習者の能力レベルに合わせるという方法です。先ほどの(17)は、次の(18)のようにリライトすれば、日本語能力の低い学習者でも少し読みやすくなります。

(18)　ここは本屋です。江戸時代の本や地図などがあります。

これら 2 つの方法に優劣をつけることはできませんが、次章では、後者の方法、つまり、日本語教師がリライトしたり、学習者用の読み物を自分で書いたりすることを想定し、その際に、文法という面で、教師はどのように手心を加えて文章を書けばいいのか、ということを考えてみたいと思います。

なお、この《タスク 1》の分析で使用した「1 文で完結している文章」の 100 例は、首都大学東京の橋本直幸先生が提供してくださったものです。橋本先生には、感謝の言葉を申し上げたいと思います。また、これらの 100 例は、参考資料として巻末に掲載しておきますので、興味のある方はご覧になってください。

第19章　理解の負担度

読み物の中には、読む時に負担を感じるものもあれば、負担を感じないものもあります。負担を感じさせる要因は、いくつかあるだろうと思いますが、この章では、文法という観点から「理解の負担度」について考えていきます。

《タスク1》

日本語教師が、生の素材をリライトしたり、自分で文章を書いたりして、学習者用の読み物を作成する場合、どのようにして、読み物の難易度を調整すればいいでしょうか。特に、文法という面でどのように調整すればいいか、考えてみてください。

前章の《タスク1》では、次の(1)～(3)を挙げ、学習者が「読む」活動を行なう際の学習者の負担度について議論しました。

（1）　鈴木さんはカレーを食べた。
（2）　鈴木さんはカレーを食べました。
（3）　鈴木さんはカレーを食べたらしい。

前章では、「理解」ということを考えた場合、(1)と(2)の負担度は同じだが、(3)の負担度は(1)(2)よりも重い、ということを述べました。この(1)と(2)のみでなく、以下の8つの文を理解する負担度はだいたい同じだと考えることにします。

（4）　鈴木さんはカレーを食べる。
（5）　鈴木さんはカレーを食べない。
（6）　鈴木さんはカレーを食べた。

（7）　鈴木さんはカレーを食べなかった。
（8）　鈴木さんはカレーを食べます。
（9）　鈴木さんはカレーを食べません。
(10)　鈴木さんはカレーを食べました。
(11)　鈴木さんはカレーを食べませんでした。

(4)～(7)の述語は、動詞の普通形の肯定・否定・肯定過去・否定過去で、(8)～(11)の述語は、動詞の丁寧形の肯定・否定・肯定過去・否定過去です。前章では、聞いたり読んだりという理解する活動においては、普通形と丁寧形の負担度は同じではないかと述べましたが、普通形と丁寧形のみではなく、否定の形と過去の形もほぼ同じ負担度だと考えることにします。もちろん、厳密に言えば、まったく同じではないでしょうが、「らしい」「ようだ」や「なければならない」「ざるを得ない」などが付加された文に比べれば、否定の形や過去の形は負担は低いだろうと思います。とりあえず、これら8種類の文を「理解の負担度」が0である文、というように考えます。

そして、次の(12)～(17)のような文、つまり、負担度0の文に、何か1つ文法形式が付加された文を、「理解の負担度」が1の文であると考えます。

(12)　鈴木さんはカレーを食べたらしい。
(13)　鈴木さんはカレーを食べたようだ。
(14)　鈴木さんはカレーを食べたそうだ。
(15)　鈴木さんはカレーを食べただろう。
(16)　鈴木さんはカレーを食べたかもしれない。
(17)　鈴木さんはカレーを食べたはずだ。

(12)～(17)は、負担度0の文に、それぞれ「らしい」「ようだ」「そうだ」「だろう」「かもしれない」「はずだ」が付加された文です。これらは、「認識的判断を表す形式」だと言えます。ちなみに、「話す」「書く」ということを考えた場合には、これらの形式の意味の違いを明確に理解する必要があるだろうと思いますが、「読む」「聞く」ということを考えた場合には、それぞれの形式の意味の違いを明確に理解していなくても、蓋然性を表す表現なのだ、ということさえ漠然と理解できていれば、「読む」「聞く」という言語活動の遂行に、それほど大きな悪影響は出ないのではないかと思います。

また、「当為判断を表す形式」が付加された文も、(12)～(17)と同様に、負担度1の文であると考えます。たとえば、以下のような文です。

(18)　鈴木さんはカレーを食べるしかない。
(19)　鈴木さんはカレーを食べなければならない。
(20)　鈴木さんはカレーを食べざるを得ない。
(21)　鈴木さんはカレーを食べてもいい。

(18)～(21)は、負担度0の文に「しかない」「なければならない」「ざるを得ない」「てもいい」という「当為判断を表す形式」が、それぞれ付加された文です。

また、次の(22)～(26)も、負担度1の文であると考えます。

(22)　カレーを食べなさい。
(23)　カレーを食べませんか。
(24)　カレーを食べないか。
(25)　カレーを食べろ。
(26)　カレーを食べよう。

(22)～(26)は、それぞれ、負担度0の文に「なさい」「ませんか」「ないか」が付加された文です。(22)～(25)は、目の前の相手に対する「働きかけ」を表しています。また、(26)は、目の前の相手に対する「働きかけ」を表しているとも考えられますし、また、「よし、今日はカレーを食べよう！」というように、自分自身に言い聞かせるような「意志」を表しているとも考えられます。つまり、(22)～(26)は、負担度0の文に、「意志・働きかけを表す形式」が付加された文であると言えます。

さらに、以下のような文も、負担度１の文であると考えられます。

(27)　鈴木さんはカレーを食べている。
(28)　鈴木さんはカレーを食べてしまう。
(29)　鈴木さんはカレーを食べてみる。
(30)　鈴木さんはカレーを食べてある。
(31)　鈴木さんはカレーを食べておく。
(32)　鈴木さんはカレーを食べるころだ。
(33)　鈴木さんはカレーを食べてくる。
(34)　鈴木さんはカレーを食べていく。
(35)　鈴木さんはカレーを食べられる。
(36)　鈴木さんはカレーを食べることができる。
(37)　そして、鈴木さんはカレーを食べる。
(38)　しかし、鈴木さんはカレーを食べる。

(27)～(34)は、広い意味でのアスペクト形式が負担度０の文に付加されたものです。(35)(36)は、可能を表す形式が付加されています。(37)(38)は、接続詞が付加されています。

ここまでに挙げてきた(12)～(38)は、すべて負担度０の文に、ある１つの文法形式が付加されたものであり、それらを「理解の負担度」が１である文だと考えたいと思います。

さて、次に挙げる(39)～(45)は、「理解の負担度」が１＋αとでも言うべきものです。なぜ、１ではなく１＋αなのかと言うと、文法形式を１つ加えることによって、新たな意味が付加されるだけでなく、格助詞を変えたり、新たな補語を加えたりという、何らかの変化が強制されるからです。(それぞれの文末の括弧の中には負担度０の文が示してあります。)

(39)　達也は鈴木さんにほめられた。(鈴木さんは達也をほめた。)

(40)　鈴木さんは達也を買い物に行かせた。(達也が買い物に行った。)

(41)　鈴木さんは達也に買い物に行ってもらった。(達也が買い物に行った。)

(42)　鈴木さんのために達也が買い物に行ってくれた。(達也が買い物に行った。)

(43)　達也が買い物に行き始めた。(達也が買い物に行った。)

(44)　達也が買い物に行ったけど(達也が買い物に行った。)

(45)　達也が買い物に行った店(達也が買い物に行った。)

(39)では受身の助動詞が、(40)では使役の助動詞が、それぞれ負担度0の文に付加され、そして、格助詞が変化したり、新たな補語が加えられたりしています。(41)(42)では授受補助動詞が付加され、同様に、格助詞が変化したり、新たな補語が加えられたりしています。

(43)では「始める」という補助動詞が付加され、複合動詞が形成されています。「〜始める」は、付く動詞によって意味が変わるということがないので、意味を理解するのはそう難しくはないのですが、「〜込む」「〜かける」など、付く動詞によって意味が変わってしまうものもあり、その点が厄介なので、複合動詞を作る補助動詞の負担度は、1ではなく$1+\alpha$だと考えることにしました。

(44)は複文の従属節、(45)は連体修飾節です。(44)では「達也が買い物に行った」に「けど」が付加され、(45)では「店」が付加されていますが、さらに、どちらも、これだけでは文として完結せず、主節や主文などが加えられることになります。なお、(45)の「店」は文法形式ではないのですが、「達也が買い物に行った」という句とは文法的な関係を持つものなので、これも、文法形式と同様に扱うことにしました。ただし、「おしゃれな店」のように、修飾部分に補語がないようなものは、負担度は増えないと考えます。つまり、「おしゃれな店に行った。」は負担度0の文だということです。

次に挙げる(46)〜(49)は、「理解の負担度」が2だと考えられる文です。つまり、負担度0の文に、文法形式が2つ付加されている文です。

(46)　鈴木さんはカレーの材料を買ってあるらしい。
(47)　鈴木さんはカレーの材料を買っておいたはずだ。
(48)　達也はいつも悪口を言われている。
(49)　いくら起こしても起きないのは達也だ。

(46)では、「てある」と「らしい」という2つの文法形式が負担度0の文に付加されています。(47)では「ておいた」と「はずだ」が付加されており、(48)では受身の助動詞と「ている」が付加されています。(49)では、「ても」という接続助詞と「起きない＋の」という連体修飾節(名詞節)が用いられています。(複文の従属節も連体修飾節も、単独での負担度は$1+\alpha$ですが、負担度2以上の文の中で使われている時には、この「α」のことは考えないことにします。)

次に挙げる(50)〜(54)は、「理解の負担度」が3だと考えられる文です。つまり、負担度0の文に、文法形式が3つ付加されている文です。

(50)　おいしくないカレーのルーを買ってしまったみたいなんです。
(51)　新しいカレーのルーを買ってみたんだけど。
(52)　長年乗られてきた車が製造中止になった。
(53)　いつもは何度進められても飲まないのに、今日はたくさん飲んだ。
(54)　そして、達也が帰り、良一も帰ると、部屋は急に静かになった。

(50)では、「てしまう」「みたいだ」「のだ」という3つの文法形式が、負担度0の文に付加されています。(51)では、「てみる」「のだ」「けど」の3つが付加され、(52)では、受身の助動詞、「てくる」、連体修飾節が使用されています。また、(53)では、受身の助動詞、「ても」「のに」が使用され、(54)では、「そして」、連用形による接続、「と」が用いられています。

いかがでしょうか。丁寧形と普通形、肯定形と否定形、非過去形と過去形に関しては、理解の負担度が同じであると考え、それ以外の文法形式が付加された場合には理解の負担度が重くなっていく、というのが、以上で示した理解文法の考え方です。そして、読解教育において読み物の難易度をどのように調整すればいいのか、という《タスク1》の問いかけに対しては、以下のように考えればいいのではないかと思います。

第0段階：《負担度0》の文のみを提示する
第1段階：《負担度1》以下の文のみを提示する
第2段階：《負担度1＋α》以下の文のみを提示する
第3段階：《負担度2》以下の文のみを提示する
第4段階：《負担度3》以下の文のみを提示する
第5段階：負担度を考慮せず、文を提示する

まず、読解教育の最初の段階、つまり、第0段階では、生の素材をリライトしたり、自分で読み物を書いたりする時には、すべての文を《負担度0》の文にします。つまり、文法形式を付加しない、丁寧形か普通形の肯定・否定・肯定過去・否定過去の文のみで文章が構成されるようにし、学習者に負担なく読解ができるようにするわけです。第0段階は、負担となる文法形式が出現しない、文法教育以前の段階であると言えます。

第1段階では、すべての文が《負担度1》以下の文、つまり、《負担度0》と《負担度1》の文のみになるように調節し、第2段階では、すべての文が《負担度1＋α》以下になるようにします。そして、第3段階では、すべての文が《負担度2》以下になるようにし、第4段階では《負担度3》以下になるように調節します。第1段階と第2段階では、アスペクト、ヴォイス、モダリティなどの新しい文法カテゴリーや新しい文法形式が出現し、そのことが学習者の負担となりますが、第3段階と第4段階では、新しい文法カテゴリーの出現はなく、主に既習形式の複合的な使用が学習者の負担となります。

最後の第5段階では、文法に関する調節はしません。なぜ、《負担度4》以上を考えることはしないのかというと、文法形式が1つ、2つ、3つと重なっていくうちは学習者の負担が少しずつ増えていくが、それ以上文法形式

が重なっていっても、それに比例して学習者の負担が増えるわけではない、と考えたからです。また、実際にこのような方法でリライト作業や執筆作業を行なった場合、《負担度 4》以上のことを考えるのは煩雑で時間がかかりすぎる、という面もあります。

《タスク 2》

《タスク 1》で見た、文法に関する「理解の負担度」の考え方に基づいて、中級読解テキストの難易度を調べてみてください。

読解テキストであるとは言いにくいものも含まれているかもしれませんが、とりあえず、次の 7 冊のテキストを対象とし、最初の課の最初の 3 文の文法に関する「理解の負担度」を調べてみました。

『生きた素材で学ぶ中級から上級への日本語』ジャパンタイムズ
『中級からの日本語―読解中心―』新典社
『中級へ行こう　日本語の文型と表現 59』スリーエーネットワーク
『テーマ別　中級から学ぶ日本語(改訂版)』研究社
『日本語中級読解入門』アルク
『日本語中級読解　新版』アルク
『日本語表現文型　中級 I 』凡人社

最初の課の最初の 3 文の負担度がすべて 0 だったものはなく、3 文のいずれもが 1 以下に収まっていたものはありませんでした。そして、1 ＋ α 以下に収まっていたのが、『日本語表現文型　中級 I 』と『日本語中級読解入門』でした。つまり、最初の 3 文を見た限りでは、この 2 つのテキストが最も易しいということです。この 2 つのテキストの最初の 3 文を次に示します。まず、『日本語表現文型　中級 I 』の最初の 3 文です。文末の《　》の中の数字は負担度を表しています。

『日本語表現文型　中級Ⅰ』凡人社
①これは日本の雑誌です。《0》
②この雑誌は毎月一回出ます。《0》
③雑誌のなかで、毎月一回出る雑誌を月刊誌と言います。《1＋α》

③は、「毎月一回出る」という連体修飾節があるので、負担度が1＋αになっています。次に、『日本語中級読解入門』の最初の3文です。

『日本語中級読解入門』アルク
①わたしは去年の4月から日本語学校で勉強しています。《1》
②わたしのクラスにはアメリカ人、中国人、タイ人、韓国人、シンガポール人、フィリピン人など、いろいろな国の人が15人います。《0》
③みんな明るくて、しんせつないいクラスメートです。《1＋α》

①は「テイル」が使われているので、負担度は1、③は「明るくて、しんせつないい」という連体修飾節が使われているので負担度は1＋αだと考えます。

最初の3文の負担度が2以下に収まっていたもの、つまり、上記の2つのテキストの次に易しいと思われるものが、『中級へ行こう　日本語の文型と表現59』です。『中級へ行こう　日本語の文型と表現59』の最初の3文は以下のとおりです。

『中級へ行こう　日本語の文型と表現59』スリーエーネットワーク
①ファストフードのメニューで代表的なものといえば、ハンバーガーやフライドポテトなどです。《2》
②最近はおにぎりやスープなど、種類が増えています。《1》
③ある発表によると、日本人は一年間に1兆円もファストフードにお金を使っています。《2》

①は、「ファストフードのメニューで代表的な」という連体修飾節があり、さらに、「ば」の存在によって複文が形成されていると考えて、負担度を2にしました。(しかし、「といえば」全体で「とりたて助詞」もしくは「主題を表わす助詞」だとする考え方もあります。《タスク1》では論じませんでしたが、助詞の負担度をどう考えるかなど、今後、さらに細かい議論が必要になってきます。)②は、「テイル」が使われているので負担度は1です。③は、「ある発表によると」という従属節があり、そして、主節末尾に「テイル」があるので、負担度は2です。

残る4冊のテキストの中で、最初の3文の負担度がいずれも3以下に収まっているのは、『生きた素材で学ぶ中級から上級への日本語』と『中級からの日本語―読解中心―』です。まずは、『生きた素材で学ぶ中級から上級への日本語』の最初の3文を以下に示します。

『生きた素材で学ぶ中級から上級への日本語』ジャパンタイムズ
②ここに述べる自己紹介とは、何かの会合や集会で、参会者に自分を知ってもらうためのものです。《3》
②ですから、従来のような通りいっぺんの紋切り型では、自分を印象づけることはできません。《3》
③なんとかくふうをする必要があります。《1＋α》

①は、「ここに述べる」と「何かの会合や集会で、参会者に自分を知ってもらうための」を連体修飾節であると考え、さらに、「テモラウ」が使用されているので、負担度を3としました。②は、「従来のような」を連体修飾節であるとみなしたほか、「ですから」と「コトガデキル」があるので、負担度は3です。③は、「なんとかくふうをする」という連体修飾節があるので、負担度は1＋αです。

次は、『中級からの日本語―読解中心―』の最初の3文です。

『中級からの日本語―読解中心―』新典社

①わたしたちの手は、朝起きてから夜寝るまで、様々な仕事をしています。《3》
②ゆっくり休んでいる事がないくらいです。《3》
③手は、一体どんな仕事をしているのでしょう。《3》

①は、「朝起きてから」「夜寝るまで」という２つの従属節と「テイル」があるため、負担度は３であると考えました。②は、「ゆっくり休んでいる」という連体修飾節と「テイル」があり、また、「くらいです」を助動詞相当であるとみなし、負担度を３としました。③は、「テイル」「ノダ」「デショウ」があるので、負担度は３です。（「のでしょう」で１語だと考えると、負担度は２になります。）

最後に残った２冊は、最初の３文の負担度が３以下には収まっていません。まずは、『日本語中級読解　新版』の最初の３文を見てみます。

『日本語中級読解　新版』アルク
①タローは大学教授のクラークさん夫妻が、かわいがっているペットの犬の名前です。《2》
②生まれてすぐクラーク家へもらわれてきてから、２年間、毎日、英語を聞いて生活してきました。《3以上》
③それでタローは日本の名前をつけてもらって日本で生活しているのに、日本語は全然わかりません。《3以上》

①は、「大学教授のクラークさん夫妻が、かわいがっている」という連体修飾節と「テイル」があるので負担度は２です。②は、「生まれてすぐクラーク家へもらわれてきてから」という従属節、その従属節内の受身の助動詞と「テクル」、さらに、「英語を聞いて」という従属節と主節末の「テクル」があるので、負担度は、軽く３をオーバーしています。③も、「それで」、「日本の名前をつけてもらって」、「テモラウ」、「日本で生活しているのに」、「テイル」があるので、負担度は３以上です。

最後は、『テーマ別　中級から学ぶ日本語(改訂版)』の最初の 3 文です。

『テーマ別　中級から学ぶ日本語(改訂版)』研究社
①忙しくて忙しくて、だれでもいいから一人でも多くの人に手伝ってもらいたい。《3 以上》
②そんなとき、日本語では「猫の手も借りたいほどだ」とたとえて言います。《3 以上》
③たとえ猫が手伝ってくれてもそれほど役に立つとは思えませんが、何か口に出して言いたいと思って、こう言うのです。《3 以上》

①は、「忙しくて」、「忙しくて」、「だれでもいいから」、「一人でも多くの」、「テモラウ」、「タイ」があるので、負担度は 3 以上です。また、②も「3 以上」です。②では引用句が使われており、引用句については、《タスク 1》では特に説明しませんでしたが、連体修飾節と同じ扱いにし、ただし、この②の場合には、引用句内に「タイ」、「ホドダ」があるので、これも考慮に入れて負担度を計算することにします。そうすると、「そんなとき」、引用句、「タイ」、「ホドダ」、「たとえて」があるので、「3 以上」になります。③も、「たとえ猫が手伝ってくれても」、「テクレル」、1 つめの引用句、「思いませんが」を従属節末とする従属節、「口に出して」、「タイ」、2 つめの引用句、「思って」を従属節末とする従属節、「ノダ」があるので、「3 以上」です。

以上の結果をまとめると、次のようになります。

A. 最初の 3 文の負担度が「1 ＋ α 」以下
『日本語表現文型　中級 I 』凡人社
『日本語中級読解入門』アルク

B. 最初の 3 文の負担度が「2」以下(しかし「1 ＋ α 」以下ではない)
『中級へ行こう　日本語の文型と表現 59』スリーエーネットワーク

C. 最初の3文の負担度が「3」以下(しかし「2」以下ではない)
『生きた素材で学ぶ中級から上級への日本語』ジャパンタイムズ
『中級からの日本語—読解中心—』新典社

D. 最初の3文の負担度が「3」以上
『日本語中級読解　新版』アルク
『テーマ別　中級から学ぶ日本語(改訂版)』研究社

ここでは、中級読解テキストの最初の課の最初の3文しか見ていないのですが、とりあえず、A→B→C→Dという順に、文法に関する「理解の負担度」が上がっていく、つまり、文法という観点から見ると、ここで取り上げた7冊のテキストは、A→B→C→Dという順に難しくなっていく、という結果が得られたということです。

column 7

究極の教授法

サイレントウェイという教授法をご存じでしょうか。教師が一言も口を利くことなく、チャートやロッドなどを使って授業を進めていくという、少し変わった教授法です。サイレントウェイは、私は、ある意味、究極の教授法だと思います。教師が何かを“教え込む”のではなく、学習者に何かを“気づかせる”ことが大切だということは、教師なら誰でも思うことですが、このような学習者の“気づき”を最大限に尊重すると、究極的には教師は口を閉じることになってしまう、というような考え方です。

しかし、サイレントウェイは、究極的ではあっても、現実的ではないですよね。学習者が“気づき”に達するまで待つよりも、教師が説明してしまった方が早いこともあるでしょうし、また、このような教授法を実践するにはかなりの技術が必要でしょうから、教師の養成にも時間がかかります。このような費用対効果を考えた場合には、サイレントウェイには大きな疑問符が付いてしまいます。

サイレントウェイの偉大さは、外国語教授法の中に、1つの座標軸を明確な形で示したことにあるだろうと思います。学習者の気づきが大切だと、今、教師が思っていたとしても、思っているだけでは、その気持ちを未来の教師たちに伝えることはできません。しかし、サイレントウェイという教授法が残っていれば、「学習者の気づきを大切にする」という今の教師たちの気持ちも、ずっと残っていくことだろうと思います。

第20章　読解教育のガイドライン

言語活動と文法の関係が整理できてくると、次に考えたくなるのが、言語活動と文法を中心に据えた日本語教育の全体像についてです。この章では、読解教育の全体像(ガイドライン)について考えてみます。

《タスク1》

どのような読み物が簡単で、どのような読み物が難しいのか、みなさんのまわりにある読み物を例にとって、どれよりもどれが簡単なのか、あるいは、どれよりもどれが難しいのか、ということを考えてみてください。

どの読み物が簡単で、どの読み物が難しいのか、ということを考えることは、読解教育においては非常に重要なことです。かなりダイレクトに、読解教育のガイドラインを作ることに結びつきます。そして、さらに、どのような素材をどのようにリライトして学習者に提示するか、ということも非常に重要なことになってきます。いきなり結論を述べることになりますが、私が考える読解教育のガイドラインを、次のページの図1に示します。

まず、この図の一番上の「初級前期」「初級後期」「中級前期」「中級後期」「上級」というレベルのネーミングは、まあ、だいたいそんな感じだ、という程度で、厳密なものではありません。むしろ、その次の列の「単語」「文」「単段落」「複段落」「複段落～1冊」の方が重要です。なぜかと言うと、第15章でも書きましたが、言語能力とは、コントロールできる言語の範囲の広がりのことだ、と考えるからです。つまり、単語しか読めない学習者よりも文が読める学習者の方が言語能力が高く、文しか読めない学習者よりも単段落が読める学習者の方が能力が高く、さらに、複段落や1冊の本を読める学習者の方が能力が高いというような、「テキストの型」を中心に据えた言語能力観を前提としているからです。

その次の列の「語彙」は、「単段落」以上の読み物を読む時には、1つの

<table>
<tr><td colspan="2">レベル</td><td>初級前期</td><td>初級後期</td><td>中級前期</td><td>中級後期</td><td>上級</td></tr>
<tr><td rowspan="4">言語内</td><td>テキストの型</td><td>単語</td><td>文</td><td>単段落</td><td>複段落</td><td>複段落～１冊</td></tr>
<tr><td>語彙</td><td colspan="2">話題を構成できない</td><td>具象的話題が構成できる</td><td>抽象的話題が構成できる</td><td>学習者によって異なる</td></tr>
<tr><td>文法</td><td>なし</td><td colspan="2">負担度０→１→１+α→２→３</td><td colspan="2">負担度の制限なし・様々な機能語</td></tr>
<tr><td>情報の配列</td><td colspan="3">配列なし</td><td>ストーリー的配列(時系列的配列)</td><td>プロット的配列(因果系列的配列)</td></tr>
<tr><td colspan="2">言語外</td><td colspan="4">文化的背景や社会状況など、前提となるものがわかりやすい</td><td>前提となるものがわかりにくい。隠れた主題がある。</td></tr>
<tr><td rowspan="3">読み物のタイプ(言語活動の領域)</td><td>自己開示系
(私的領域)</td><td>落書き
メモ</td><td>日記
Eメール</td><td>ブログ
手紙</td><td>紀行文
経験談</td><td>随筆
自伝</td></tr>
<tr><td>知識伝達系
(社会的領域)</td><td>メニュー、看板
掲示板、チラシ、お知らせ</td><td>道案内、エアコンの使い方
(単純型解説文)</td><td>三種類の缶コーヒー
(コラム型解説文)</td><td>新聞の投書
(個人的意見文)</td><td>時事評論、論説、学術論文(社会的意見文)</td></tr>
<tr><td>物語系
(架空的領域)</td><td colspan="2"></td><td></td><td>昔話、童話</td><td>小説、文学作品</td></tr>
</table>

図 1. 読解教育のガイドライン

話題を構成することができるような、まとまった語彙を知っていなければならない、ということを示しています。そして、「単段落」で構成された読み物よりも「複段落」で構成された読み物の方が、内容的に深くなる、つまり、話題が抽象的になると思われるので、そこで使用される語の意味も抽象的になるのではないかと予想されます。「複段落～１冊」のところの語彙を「学習者によって異なる」としたのは、読み物のレベルが高くなると、内容も専門化することが予想され、必ずしも、すべての学習者が同じ語彙を知っていなければならないということはないのではないか、と考えたからです。

その次の列の「文法」については、前章で説明した「理解の難易度」が中心的な概念になっています。まず、初級前期、つまり、「単語」を読んでいればいいという段階では、「文法」は必要ありません。初級後期、つまり、「文」を読む段階に入っていくためには「文法」が必要になりますが、まずは、「理解の負担度」が軽いものから始まり、「理解の負担度」が重いものへと進んでいきます。そして、「複段落」を読む段階になると、言語活動における「文法」の比重が小さくなり、その分、「語彙」など、他の要素の比重が大きくなるのではないかと思います。

その次の「情報の配列」は、「複段落」を読む段階から関係してきます。1つの段落には、普通、何かまとまった1つの内容が書かれていますよね。だから、「単段落」を読む場合には、その1つの内容を読むことができればいいわけです。しかし、1つのまとまった内容を持つ段落が複数存在する「複段落」を読む時には、段落間の論理関係を読みとることが必要になってきます。童話や昔話のように、物語の展開が、割と単純に時系列的に配置されている読み物であれば、段落間の論理関係を読み取ることは、それほど難しいことではないでしょうが、小説や文学作品などのような、いわゆる、大人が読む読み物であれば、段落の論理関係はそう単純ではなく、一見、時系列に並んでいるように見えても、その後の展開の伏線になるようなことが前もって書かれていたり、前半部分で何となく書かれていたことが、後半部分で大きな意味を持ってきたり、ということがあります。つまり、物語の構成に、因果関係のようなものが織り込まれているということであり、そのような読み物を読むことは、童話や昔話など、単純な時系列で話が展開する読み物を読むよりも難しいということです。

ここで、段落間の関係が時系列的で単純なものを「ストーリー的配列」、段落間の関係に因果律が織り込まれているようなものを「プロット的配列」と呼ぶことにしたいと思います。「ストーリー」と「プロット」という概念は、E. M. フォースター(米田一彦訳)『新訳 小説とは何か』(ダヴィッド社)を参考にしました。「ストーリー」「プロット」に関する同書の記述を、以下にまとめましたので、参考にしていただければと思います。

ストーリー：事柄が生起した順に出来事の配列がなされている。時系列。
　　　　　「次に何が起こるか」のみに注意して読めばいい。
プロット　：「原因→結果」という因果の系列によって、複線的に出来事の配列がなされている。「次に何が起こるか」のみでなく「なぜなのか」にも気を配る必要がある。読み解くためには「記憶力」と「知性」が必要。

次の列の「言語外」というのは、まさに図1の記述のとおりなのですが、日本の文化や社会状況を理解していることを前提として書かれている読み物は難しいし、そうでないものはそれほど難しくない、ということです。たとえば、池波正太郎の『剣客商売』は、当時の江戸のことをある程度わかっていないと、読解が難しいだろうと思います。戦国時代が終わり、太平の世を迎えていること、しかし、武士道の精神がそこには生きていること、などを知っていないと、単なる暴力の話になってしまいます。また、隠れた主題がある読み物も難しいと思います。たとえば、文学作品においては、「死」という文字が1文字も出てこないのだが、この作品のテーマは「死」である、などということがあり得ますが、このような読み物は、外国人学習者にとっては、かなり読みにくいのではないかと思います。

以上が、図1の上半分の説明です。図1の上半分には、読み物の難易度の決定方法が記述されていますが、下半分には、その難易度の記述に当たる読み物の例が挙げられています。そして、それらの読み物は、「自己開示系」「知識伝達系」「物語系」の3つに分類されています。この3者の内容は、それぞれ、自分のことを開示するために書かれた読み物、知識を伝達するために書かれた読み物、物語が描かれている読み物、という意味なのですが、読解という言語活動を考えた場合、ストラテジーの使用についての態度が、これら3者では異なっています。

まず、一番最後の「物語系」の読み物とは、昔話、童話や小説、文学作品などを指すのですが、これらを読む時には、飛ばし読みや拾い読みをすることは、ほとんどないですよね。つまり、物語系の読み物を読む時には、普通は、スキミングやスキャニングなどのストラテジーは使用しないということです。

その上の段の「知識伝達系」の読み物には、簡単なものでは、メニューや看板やチラシなど、難しいものでは、時事評論や学術論文などの社会的意見文とでも名付けられるような読み物があります。これらを読む時には、飛ばし読み・拾い読みをすることが非常に多いのではないかと思いますが、いかがでしょうか。おそらく、メニューやチラシよりも時事評論や学術論文を飛ばし読み・拾い読みすることは少ないかもしれませんが、しかし、物語系の読み物と比べたら、明らかに飛ばし読み・拾い読みをすることが多いのではないかと思います。つまり、知識伝達系の読み物を読む時には、普通は、スキミングやスキャニングなどのストラテジーを使用するということです。

その上の段の「自己開示系」の読み物には、メモ、Ｅメール、手紙、日記、ブログ、随筆、自伝などがあります。これらを読む時には、飛ばし読み・拾い読みをすることもしないこともあるように思います。つまり、自己開示系の読み物とスキミング・スキャニングなどのストラテジーとは独立したものであり、ストラテジーをよく使うということも、あまり使わないということもないということです。以上を、「＋」「－」「±」という記号を使ってまとめると、物語系は「ストラテジー－」、知識伝達系は「ストラテジー＋」、自己開示系は「ストラテジー±」ということになります。

また、ストラテジーの使用と密接に関わることですが、その読み物が「味わう」ものなのか「わかればいい」ものなのかという違いもあります。物語系の読み物は、明らかに「味わう」ためのものです。一方、知識伝達系は、「わかればいい」読み物で、自己開示系は、どちらとも言いにくいものなのではないかと思います。

さらに、少し観点は違いますが、「書く」ということを考えた場合にも、この３者には明らかな違いがあります。自己開示系の文章は、日本人なら誰でも必ず書くものです。メモや日記や手紙などを何も書いたことがないという日本人はいないだろうと思います。一方、メニューや掲示板やエアコンの使い方、時事評論、学術論文など、知識伝達系の文章を書く人はあまりいないだろうと思います。これらを書くのは何らかの職業上の要請がある場合や非常に強い社会的関心がある場合、つまり、これらを書く人は、何らかの職業についている人や、非常に強く社会に関心を持っている人であると言えます。そして、最後の物語系の文章は、作家という特殊な職業にある人しか書きません。

つまり、これら 3 者は、「書く」ことを考えた場合には、言語活動を行なう人がそれぞれ異なっているということです。「読む」ことを考えた場合には、これほど、はっきりとは分かれないかもしれませんが、これは、どういうことかと言うと、「言語活動の領域」が、自己開示系の文章、知識伝達系の文章、物語系の文章で、それぞれ異なっているということです。自己開示系は「私的領域」、知識伝達系は「社会的領域」、物語系は「架空的領域」と名付けることができるのではないかと思います。

このような領域を設定するということは、教材を作成する際には、大きな助けになるのではないかと思います。たとえば、「書く」ための教材を作るのなら、まずは「私的領域」の中からテーマを選ぶのが妥当だろうと思われます。そして、ある特殊なニーズを持った学習者を教える場合には、そのニーズに合わせて「社会的領域」の中からテーマを選べばいいだろうと思います。「読む」ための教材を作るのなら、3 つの領域をまんべんなく読ませるのがいいかもしれませんし、あるいは、学習者のレベルや関心によって、少し偏りを持たせて読み物を選択してもいいかもしれません。いずれにしても、このような図があると、あるコースでどのようなものを読ませていけばいいのかということが、非常に考えやすくなるのではないかと思います。

ところで、図 1 の「知識伝達系」の中の「三種類の缶コーヒー(コラム型解説文)」というのが、ちょっとわかりにくいのではないかと思いますので、実際の読み物を次に挙げておきます。

「三種類の缶コーヒー」

自動販売機やコンビニ、スーパーマーケットなどでは、たくさんの種類の缶コーヒーが売られています。でも、あなたが飲んでいるのは、本当に「コーヒー」ですか。缶をよく見てください。実は缶コーヒーには「コーヒー」「コーヒー飲料」「コーヒー入り清涼飲料」の三種類があります。この違いはコーヒー成分の量です。「コーヒー」は 100 グラム中 5 グラム以上の豆が使われていますが、「コーヒー飲料」は100グラム中2.5グラム以上5グラム未満の豆しか使われていません。また、「コーヒー入り清涼飲料」は、100グラム中1グラム以上2.5グラム未満です。ちなみにカフェオレは乳成分が多いので、「乳飲料」になります。

道案内やエアコンの使い方などの単純型解説文は、実用一辺倒の文章ですが、コラム型解説文には、ちょっとしたウンチクがあります。

図1の中の「自己開示系」「知識伝達系」「物語系」には、それぞれ、どのような読み物・文章が入るのか、具体例をどんどん挙げていく必要があります。それは、今後の課題にしたいと思います。

column 8

もう 1 つの OPI

実は今、完璧な「質問文データベース」を作りたいと考えています。「食」「旅行」「建築」「ファッション」など、100 種類ぐらいの話題カテゴリーを設定し、それぞれの話題についての質問文を、中級レベル、上級レベル、超級レベルという 3 段階で作ります。具体的には、「あなたはいつもどこで洋服を買いますか(ファッション：中級)」「あなたが一番好きな服がどんな服なのか、それを見たことがない人にもわかるように説明してください(ファッション：上級)」「あなたの国の伝統的なファッションがなくなり、欧米風のファッションばかりが受け入れられるようになっている現状を、どうすれば変えていくことができると思いますか。あなたの意見を聞かせてください(ファッション：超級)」などというように作っていきます。そうすると、「100 話題 ×3 レベル」なので、合計で 300 種類の質問文ができることになります。それで満足せず、さらにがんばって 1 つの話題について 10 種類ずつ質問文を作ることにします。そうすると、「100 話題 ×3 レベル ×10 種類」で、計 3000 の質問文ができあがります。これと同じようにしてロールカードも 3000 作ることにします。つまり、それぞれ 3000 の質問文とロールカードが収録された「質問文データベース」と「ロールカードデータベース」ができるということです。この 2 つのデータベースを利用して OPI を行なうというのはどうでしょうか。

現在の OPI の特徴を一言で言えば、「テスターの能力(名人芸)を拠り所にしたテスト」だということになります。一方、私の提案は、名人芸は必要のない「データベースを拠り所にしたテスト」です。本書の第 1 部で提案したアンモナイト形態素を合わせて使用すれば、テスター養成のためのワークショップは必要がなくなり、誰でも OPI ができるようになります。しかし、ここまで来ると、このテストはもう OPI だとは言えないかもしれないですね。これが、私が考える OPI の次の時代に来る口頭能力テストです。

参考資料

資料1：実践女子大学留学生の言語活動

【大学―守衛室―】
・休日に、大学に入っていいかどうかを尋ねる。

【大学―事務センター―】
・学割を発行してもらう。
・学生証を紛失してしまったので、教務担当に行き事情を説明し、再発行の手続きをする。
・履修登録のエラーが出たので、どうすればいいのか、聞きに行く。
・コピー用紙がなくなったので、そのことを言いに行く。
・ロッカーに知らない荷物が入っていたので、その処理を頼む。
・学校の食堂で、かばんを席に置いたままトイレに行き、戻ってきたらかばんがなくなっていたので、学生担当に行って状況を説明する。
・貸し自転車を壊してしまったので、状況を説明し、謝る。

【大学―監視盤室―】
・体育館の鍵を借りる。
・忘れ物が届いていないかどうかを尋ねる。

【大学―掲示板―】
・掲示板の内容が理解できないので、近くにいた知らない学生に尋ねる。

【大学―情報ラウンジ―】
・パソコンがフリーズしてしまったので、何をしてそうなったのか、状況を説明する。
・家のパソコンのインターネットの接続方法を教えてもらう。

【大学―図書館―】
・図書館の利用方法がわからないので、書庫やレファレンスサービスの利用の仕方などを司書に尋ねる。

【大学―国際交流センター―】
・自転車で通学する時に事故にあったので、事故の様子や現在の自転車の状態を、国際交流センターの人に報告する。

・隣の部屋がうるさいと、国際交流センターの人に苦情を言う。
・寮の備え付けのもの(洗濯機、掃除機、台所用品など)をうっかり壊してしまったことを、国際交流センターの職員に説明して謝る。

【大学―香雪資料館―】
・展示品の説明を聞く。

【大学―体育館―】
・靴がなくなったので、まわりにいる学生に自分の靴のことを尋ねる。

【大学―茶室―】
・お茶の作法についての説明を聞く。
・着付けサークルの学生と一緒に写真を撮る。

【大学―保健室―】
・体の状態がどのように悪いのか、説明する。

【大学―ロッカー―】
・今日どんな授業があるか、友だちに確認する。

【大学―非常勤講師控え室―】
・担当の先生がいない時に、事務の人にコピーを頼む。
・以前に出席カードを忘れたので、改めてサインをもらう。

【大学―助手室―】
・会いたい先生が研究室にいないので、どこにいるのか聞く。

【大学―研究室―】
・授業の内容について質問し、どこがどうわからないのか説明する。
・レポート提出の締め切り日に提出が間に合いそうにないので、先生に相談しに行く。
・腹痛で学校に遅れそうだったので、その日提出の課題を友だちに取りに来てくれるよう頼んだのだが、友だちは来ず、しばらくして、友だちが事故にあったと知った。先生にそのことを説明し、理解してもらう。

【大学―桜ホール―】
・食券販売機が壊れたので、食堂の人に話をしに行く。
・違う食券を買ってしまったので、返金してもらう。

【大学―カルパーラ―】
・茄子カレーを注文したのにキーマカレーが来てしまった。

【大学―寿書店―】

・買いたい教科書が見つからないので、店の人に本のタイトルと内容を伝えて探してもらう。
・本の注文をする。

【大学―写真屋―】

・現像してもらった写真が違っていた。
・パソコン周辺機器について説明を聞く。

【大学―自転車置き場―】

・自転車ドミノをしてしまった時に、ちょうど持ち主が来た。しかも、自転車は壊れていた。

【大学―ＡＴＭ―】

・機械の調子が悪いので、インターフォンで係員に問い合わせる。

【大学―トイレ―】

・手を洗わない友人に忠告する。

【大学―授業―】

・定員一杯の授業をどうしても受けたかった。運良く学年の関係で履修できない人がいたらしく空きが出来たので、追加登録をし、授業に出たのだが、席が無い。この状況を先生に説明する。また、気がつかずに出席している学生にも説明する。

【大学―イベント―】

・サークルの仲間と、学園祭に出店に協力できるか否かの話し合いをする。
・学園祭のために留学生でＴシャツを作るので、業者の人と、どんなデザイン、素材にするか相談する。
・留学生親睦会があるので、どの店にするか、クラスメートと話し合って決める。
・文化祭に乗り気でない友人をやる気にさせる。

【大学―サークル―】

・サークルの飲み会で、飲めないお酒を、先輩や酔った友達にしつこく勧められるが、それをうまく断る。
・クラブコンパの計画を説明する。
・サークルの活動内容を説明して勧誘する。
・友達にサークルの勧誘を受けた時、人間関係を壊さないように上手に断る。

【友人】

・もう一度読みたい本があるのだが、タイトルと著者の名前が思い出せないので、友だちにストーリーを説明し、タイトルと著書名を教えてもらう。
・自分の大好きなゲーム(マンガ、アニメ、映画などでも可)の内容や登場人物などについて、日本人の友達に説明する。
・テレビを見ていて気になる芸能人が出来たが、名前を聞き逃してしまったので、友人にその人の特徴や出ていた番組について説明し、その芸能人の名前を教えてもらう。
・政治問題などのニュースなどを見て、自分の意見や感想を話す。
・自分の国を詳しく紹介する。
・ゲームやスポーツのルールを説明する。
・電話で話す。
・本や映画、ドラマの感想を伝える。
・テレビで推理ドラマを見たので、どのように殺人が行なわれたかなど、ストーリーを詳しく説明する。
・中国語を日本語で教える。
・休日の過ごし方を説明する。
・中国の伝統料理の作り方を説明する。
・ミクシィで面白いコミュニティを見つけたので、友だちに説明する。
・面白いゲームソフトを見つけたので、友だちに説明する。
・友だちに頼んで、ロッカーから荷物を持って来てもらう。
・おいしいレストラン・居酒屋の情報が入ったので、友だちに教える。
・コンビニにお気に入りの新商品が入ったので、友だちに教える。
・携帯電話の使い方を説明する。
・ネットオークションへの参加の仕方を説明してあげる。
・旅行中にトラブルがあり、帰りが遅れるので、友だちに連絡する。

【スーパー】
・割引の値札がはってあったのに、レシートを見たら割引されていなかった。

【ショッピングセンター】
・とても広くて客がたくさんいるショッピングセンターに友人と買い物に行ったが、買い物に夢中になりすぎ、気がついたら友人がいなかった。受付の人に状況や友人の特徴を説明する。

【デパート】
・デパートで買った物をデパート内で失くしてしまい、一度通ったところを探したがなかったので、店の人にどんなものを買ったのか、店のどこを通ったかを説明し、それを見つけたら連絡してほしいと頼む。
・買い物をしたが、家に帰って見てみたら品物が壊れていたので返品したい。レシートは捨ててしまったが返品できるか聞き、交渉する。
・1人で買い物をしていて、腕にかけていたものをレジに通し忘れて店外に出てしまい、警備員に捕まってしまった。誤解を解くために説明をする。
・欲しい物を買ったつもりだったが、違うものを買ってしまったので、返品する。
・国で使っているのと同じ化粧品があるかどうか店員に聞く。

【家電量販店】

・電子辞書が買いたいので、店の人に説明してもらう。

【電気屋】

・修理を頼む。

【コンビニ】

・チケットの買い方を説明してもらう。
・宅急便を送る。
・賞味期限が切れている品物を買ってしまったので、返品させてもらう。
・品物を落として壊してしまったので、状況を説明して謝る。
・品物を買った後で、ストローとスプーンをもらう。

【ゲームソフト専門店】

・いらなくなったゲームソフトを売りに行く。

【本屋】

・探している本がどこにあるのか、店員に尋ねる。ただし、本の名前は忘れてしまった。

【フリーマーケット】

・値切りの交渉をする。

【花屋】

・どうしても欲しい花がある。花屋に行ったのだが、その花の名前がわからない上に、どのようなものだったかを店員に説明してもそのような花はないので、種類が多くある花屋を紹介してもらった。そこに行ってどのような経緯で来たのか、どのような花が欲しいのかを説明する。

【薬局】

・喉が痛いし、熱もある。風邪のようだ。薬局に行って、症状を伝えると品物を出してくれた。以前にも購入したがあまり効果が無いものだったので、そのことを伝え、類似品を出してもらうようにお願いする。
・国で使っていたのと同じ、あるいは、同じような薬があるかどうか、店員に聞く。

【駅】

・待ち合わせがうまくいかなかったので、駅員に場所を確認する。
・待ち合わせがうまくいかなかったので、友だちに電話する。

【電車】

・満員電車で痴漢と誤解されたので、その時の自分の状態、手をどうしていたかなどを説明し、相手の勘違い、あるいは不可抗力であることを説明する。
・電車に忘れ物をしてしまったが、まだ日本に慣れていないために何線の、何時ごろの電車だったかは覚えていない。駅員に、どのような電車のどの辺りに忘れたのかを説明しなければならない。その上、次の日の授業に必要なものだったために、取りに行かなければならず、どこに取りに行けばいいのかも聞かなければならない。

【バス】
・整理券を取らずに乗ってしまったので、降りる時にそのことを説明する。
・バスに乗る時に、運転手に行き先を聞く。

【タクシー】
・日野駅から大学まで知らない人と相乗りをしたので、割り勘の相談をする。

【タクシー会社】
・タクシー会社に電話して、タクシーを呼ぶ。
・タクシーの運転手に、道を指示する。

【自転車屋】
・中古自転車を値切って買う。
・中古自転車を買ったが、すぐに壊れてしまったので、苦情を言いに行く。

【通学途中】
・台風がひどくて駅から家まで歩いて帰れないのでタクシーに乗った。運転手に自分の家までの道順を説明する。
・家に帰る途中、マンションの火事を目撃した。日本に来て間もないために、地名も建物の名前もわからないのだが、どこで起こっているのかを消防署に電話して説明する。あるいは、来日して間もなく、説明もうまくできないから、消防署に連絡してくれないかと、近所の人に頼む。
・道路で遊んでいる幼児に危ないので他の安全な場所で遊ぶように説得する。

【運送会社】
・中国からの荷物が壊れていたので、届けてくれた会社に状況を説明し、弁償してほしいと話す。会社側が、割れ物・壊れ物の記入がなかったので弁償は出来ない、などと言っても何とか弁償してもらうように交渉する。

【自宅・寮】
・家に帰ったら泥棒に入られていたので、警察に通報し、状況を説明する。
・隣の部屋に住んでいる人が、夜、大音量で音楽を聞くので、やめてもらうように頼む。
・宅配ピザの店に電話をし、Mサイズを頼んだのに、Lサイズが届いてしまった。ちゃんとMサイズを頼んだこと、Lサイズ分の料金が手元に無いことを伝え、Mサイズ分の代金にしてもらえないかと交渉する。
・自分がゴミ当番だったことをうっかり忘れてしまったことを、同じユニットの人に説明して謝る。
・長期の外泊をするので、その間のゴミ当番や掃除当番などを事前に他の人にお願いする。
・門限に間に合わないことをユニットのレジデントアシスタントに事前に報告する。
・門限に遅れてしまったので、レジデントアシスタントに理由を説明して鍵を開けてもらう。
・冷蔵庫にある他の人のものを間違えて食べてしまったので、説明して謝る。
・ユニットで共有で使用するもので、新たに購入したい物を共営費の中から買ってもえるよう同じユニットの人に説明し、レジデントアシスタントを説得する。
・パーティーを企画する。
・ゴミの分別の仕方がわからない他国の留学生に、分別の方法を説明してあげる。

【訪問販売】
・訪問販売で高い商品を買わされてしまったので、商品を返品し代金も返してほしいと交渉する。

【美容院】
・美容院でどんな髪型で、何色にしたいのかなどを説明する。
・ドラマの女優と同じ髪型にしたくて美容院に行ったが、女優の名前がわからない。髪型の説明か、ドラマの説明を詳しくして美容師にわかってもらう。

【病院】
・病院でどこがどう悪いのか身体の状態を医師に説明する。

【レストラン】
・留学生の友達とレストランで食事をし、会計をしたら予想より金額が高かった。レシートを見たら注文していないものが含まれていたので、苦情を言う。
・店で誤ってコップを割ってしまったので、謝罪をする。
・注文したものが来ないので、文句を言う。
・食べられないものが入っていないかどうか、聞く。

【喫茶店】
・料理に髪の毛が入っていたので、苦情を言う。
・間違ったものが来たので、代えてもらう。

【居酒屋】
・どのように割り勘にするか、話し合う。
・自分が頼んだものを友達が食べ始めたので、文句を言う。
・年令確認をされたが、学生証等を持っていない。

【カラオケボックス】
・機械の調子が悪いので、店の人を呼ぶ。
・友だちに、曲の入れ方を説明する。
・自分の好きな曲を探してもらう。

【映画館】
・電話で、今週の映画の情報を聞く。

【レンタルビデオ屋】
・借りたいビデオを探してきてもらう。

【ＣＤ屋】
・自分の好きな曲が入っているＣＤを探してもらう。

【不動産屋】
・アパートを借りる。

【携帯電話ショップ】
・携帯電話の機能を説明してもらう。
・故障の状況を説明する。
・お金を払い忘れていたら請求書が来たので、どうすればいいか聞く。

【クリーニング屋】
・汚れがとれていなかったので、苦情を言う。
・3ヶ月前にクリーニングに出したのだが、取りに行くのを忘れていた。

【眼鏡屋】
・コンタクトレンズをなくしてしまったので、新しく買う。

【旅行会社】
・旅行について相談し、予約をする。

【金券ショップ】
・ほしいチケットを買う。

【航空会社】
・マイレージの加算について、電話で問い合わせる。
・キャンセルし忘れたのだが、何とかならないか交渉する。

【空港】
・電話でフライトの予定変更の案内を聞く。
・搭乗手続きが変更されたので、説明してもらう。

【銀行】
・口座を開設する。

【郵便局】
・国に荷物を送る。

【警察】
・大学近辺に変質者が出没するので、警察に通報する。
・職務質問をされたが、たまたま学生証も外国人登録証も持っていなかった。

【市役所】
・外国人登録証の申請をする。

【市営図書館】
・市民でなくても利用できるかどうかを聞く。

【日野市国際交流協会】
・国の料理の講習会を行なう。

【領事館】
・ビザについて聞く。

【入国管理局】
・ビザの切り替えを行なう。

資料2：一文で完結している文章（100例）

・赤が基調の落ち着いた店内は、半円形のカウンターが特徴だ。
・あなたも食のスペシャリストになれます。
・炒め物二人分に、小さじ2杯(12g)が目安です。
・Internet Explorer ではこのページは表示できません
・「美しい国づくり」プロジェクト第一弾公募「美しい日本の粋(すい)」の募集を開始しました。
・営業日・営業時間などは、あらかじめ各施設にお問い合わせください。
・エスカレーターを降りたら立ち止らずに前にお進みください。
・江戸時代中期、「日本」を新しい眼で記録して歩いた一群の旅人たちに、外国人研究者がこんな光を当てた。
・江戸時代に出版されたあらゆるジャンルの和本・浮世絵版画・古地図の専門店です。
・FNC(コロンビア国立コーヒー生産者連合会)は50万世帯以上のコーヒー生産者を代表する団体として、1927年に生産者自ら設立し、コーヒー豆の品質向上や生産者の生活向上等のために様々な活動を推進している組織です。
・お客様の本人確認のため、もう一度パスワードを入力してください。
・お好みに合わせて、別添「粗びき黒こしょう」をご使用いただくと、ピリッとした辛さと香りが楽しめます。
・お問い合わせ、詳しい資料のご請求は今すぐこちら！
・オラプリス一包を入れ、167mL(450ppm)～300mL(250ppm)の線まで水を加え軽く振り混ぜると洗口液がつくれます。
・海外の旅エッセーと、とっておき海外旅行情報を募集します。
・外反母趾でできた、親指の付け根の突起を保護し、靴との摩擦や圧迫によっておこる痛みをやわらげます。
・開封後はポリ袋・密閉容器などに入れて冷蔵庫で保存してください。
・下記の寸法程度の衣装箱や和ダンスの引き出しの場合(厚手セーターなら約6着分)、ゴンゴン2個がご使用の目安です。
・学生等の修学環境を整備して、これからの時代を担う創造的な人材の育成を支援するとともに、国際相互理解の増進に寄与してまいります。
・掛金の負担の少ない若いときからの加入が断然有利です。
・学校教育法の改正により、学校教育においてボランティア活動などの体験活動が行われるようになったと聞きましたが、具体的にどのような内容なのでしょうか。
・果肉たっぷりのジャムは、果物の風味が残るようにと低い温度で煮詰められている。
・記載事項を訂正した場合は、その箇所に訂正印を押してください。
・切り取らないで郵便局にお出しください。
・黒を選べばストリートスタイルを大人っぽく印象づけられる。
・交通事情等によりご希望の配達日・時間帯もありますのであらかじめご了承ください。
・ご家族の資産づくりをお手伝いするのが私たちの仕事です。
・五ヶ村堀緑地入口付近に案内サインを設置しました。
・ここからはがせます。

・午後4時以降のご注文は、翌日のお取扱いとなります。
・ご自由にお持ち帰りください。
・ご主人が昔使った木のスキーやピッケル、かんじきなどのディスプレイがいい感じを出している。
・「故障かな？　と思ったら」の表にしたがって調べてみても正常に測定を行えないときは、ただちに使用を中止して、この取扱説明書についている保証規定をお確かめのうえ、お買い上げ店にお持ちくださるか、弊社「消費者センター」にお問い合わせください。
・こちらのHPクーポンを切り取ってご利用ください。
・このアルバムは、録音が非常に古いため、ところによりお聴き苦しい点がありますが、あらかじめご了承ください。
・この市民の花「つつじ」と市民の木「つばき」は、市制50周年を記念して昭和49年(1947年)に市民による投票で選ばれました。
・この受領証は、郵便局で機械処理をした場合は郵便振替の払込みの証拠となるものですから大切に保管してください。
・このチラシの有効期間は2007年4月1日～2007年5月31日です。
・ご優待クーポンブックはホームページからもご請求いただけます。
・ゴンゴン・ゴンは衣類にやさしいウールマーク認定防虫剤です。
・在外公館(大使館、総領事館など)、駐日外国公館、駐日国際機関については、ホームページへのリンクに加え、住所・電話番号も確認できます。
・サラダ、スープ、シチュー、パスタなど様々な料理の色どりや香り添えに使えます。
・自家製天然酵母パンや清里周辺の果実で作った無添加ジャムを扱う。
・4月1日から生田緑地の施設料金が変更になります。
・JALカードホームページでは、早く簡単に入会手続きができる「オンライン入会」受付中です。
・週間天気の気温については最寄の観測地点をもとにしているため、一部実際の地域の温度と異なる場合があります。
・10月1日、ザ ホテルヨコハマは、ザ ヨコハマ ノボテルとして生まれ変わりました。
・種子は、播種後の栽培条件・天候等により、その結果が異なることがあるので、結果不良の場合でも、補償はお買い上げ代金の範囲内とさせていただきます。
・商品に関するご相談、お問い合わせは、弊社消費者センターでお受けいたします。
・商品の問合せ先はp.73のINDEXをご覧ください。
・上記は本体価格です。
・スコットランド最大の都市・グラズゴー、かつての「英国の工場」はいま、文化・芸術の街として知られ、「英国デザイン都市」にも選ばれた。
・製造工程で漂白剤を一切使用していないので排水で海や川を汚しません。
・世界各国のパブから、できたてが飲めるレストラン、日本の地ビールの店まで毎晩飲み歩いて厳選した、ビールもつまみもおいしい店を紹介する。
・大切なお荷物を、しっかりと丁寧にお届けします。
・多摩区周辺には二ヶ領用水の桜並木での散歩や、多摩川べりでのバーベキューなど、子育てにうれしいスポットがいっぱいです。
・千歳空港のブルースカイでお買い求めいただけます。
・月々の定額保険料に付加保険料(月額400円)をプラスして納めると、老齢基礎年に付加年金(200円×付加保険料納付月数)が上乗せされて受け取ることができます。
・定価はカバーに表示してあります。
・電話(自動音声案内)・FAX・インターネット・携帯電話サイトからお申し込みいただけます。
・東京に近いわりには畑や草木が多く、アケビが実っていたり、野イチゴが色づいていたりと、四季の移り変わりを感じられます。
・当ページをご覧いただくにはFlash Playerが必要です。
・都市教養学部法学系法律学コースで教員(准教授)を募集します。
・どんどんマイルをためるなら、やっぱりJALカードです。
・24時間対応しております。
・日程や内容などは変更になることもあるので事前に確認を。
・ハーブ仕立ての風味豊かな調味料でございます。
・萩の街には豪商菊谷家や高杉晋作・木戸孝允旧宅など往時の面影が数多く残る。
・パスタソースは空気も光線も通さない容器を用い、密封した後加熱殺菌したレトルトパウチ食品です。
・パスワードを入力してください。
・パスワードを忘れた場合は、ここをクリックしてください。
・ハムスターはたいてい隅のほうにオシッコをしますから、当然トイレも隅に置きましょう。
・PHS、携帯電話からはご利用いただけません。
・「BA25」の和歌ネエが、男性でも簡単にできるつまみレシピを伝授します。
・ひとつ上をいく教師を目指して大学院でブラッシュアップしてみませんか?
・「フォション」は、1866年の創業以来、世界中から厳選した食材を提供しつづけている、フランス パリの高級食材商です。
・ブルーで施したストライプ柄が、爽やかで軽快な足元を演出する。
・文化も風土もそれぞれに個性的な九州の各地には、素敵なものやおいしいものがいっぱいある。
・ベーコンと卵を加えるだけで、ご家庭でなかなか作れなかった、本格的なカルボナーラに仕上がります。
・ページが表示されました。
・ベトナムの食材や雑貨類も店内で販売している。
・ホテルグランパシフィックメリディアン内の以下のレストランでご利用いただけます。
・本券はお一人様1日1枚限り有効とさせていただきます。
・本日はご来店ありがとうございます。
・本書の内容の一部あるいは全部を無断で複写(コピー)することは著作権法上認められている場合を除き、禁じられています。
・本書は、2000年6月にマガジンハウスより刊行された『プチ哲学』に、新たに書き下ろし「佐藤雅彦のプチ哲学的日々」を加え、文庫として編集したものです。
・本品は製造工場の定められた検査に合格しております。
・マッケイ製法による極薄ソール、スクエアトウ、柔らかいキャメルブラウンが上品な色気を漂わせている。
・最も小さく、顔つきもかわいらしいハムスターで、活発によく動きますから体は小さくても十分なスペースを与えて飼育しましょう。
・森の蒸留所へ行こう！
・靖国参拝、尖閣列島、教科書問題…岐路に立つ両国間の複雑な歴史をひもとき、危機克服の道筋を考える。
・優先席付近では電源をお切りください。
・郵便局・ANAは、住友信託銀行の「60歳のラブレター」キャンペーンを応援します。
・横浜C、追い付き分ける
・リサイクルは、おすまいの自治体の定める方法に従ってください。
・裏面の注意事項をお読みください。
・良質な牛乳のおいしさをそのまま殺菌パックしました。
・旅行会社では取り扱っておりません。
・旅行代金には諸税・サービス料が含まれております。
・Rootsは、「どんな場面でもおいしいコーヒーを」を目指し、キーコーヒーとJTの技術とノウハウを集めて生まれた、新しいかたちのコーヒーブランドです。

参考文献

鎌田修(1990)「Proficiencyのための日本語教育―アメリカにおける「上級」の指導―」『日本語教育』71号、日本語教育学会
鎌田修(1994)「日本語教育における中間文法(11) OPI：会話能力の測定と習得」『言語』23巻3号、大修館書店
鎌田修(2000)「OPI」『日本語教授法ワークショップ(増補版)』凡人社
鎌田修(2005)「OPI(口頭能力評価)」社団法人日本語教育学会(編)『新版日本語教育事典』大修館書店
鎌田修(2006)「KYコーパスと日本語教育研究」『日本語教育』130号、日本語教育学会
鎌田修・代田智恵子・山内博之・戸田貴子・欧州日本語教材プロジェクト協力メンバー(2004)「欧州諸国と日本を結ぶ日本語教材作りのプロジェクト」『ヨーロッパ日本語教育』8号、ヨーロッパ日本語教師会・スイス日本語教師の会
「キリル・ラデフ」ブルガリア日本語教師会・ルーマニア日本語教師会・山内博之(2007)『ロールプレイで学ぶ日本語会話―ブルガリアとルーマニアで話そう―』Petko, Slavov, AS Ltd
国際日本語普及協会(AJALT)『リソース型生活日本語』(webで配信)
近藤みゆき「n-gram統計による語形の抽出と複合語」『日本語学』2001年8月号、明治書院
酒井智香子・山内博之(2004)「『なかなか』『あげく』『確かに』の用法に関する予測文法的研究」『実践国文学』66号、実践女子大学内・実践国文学会
スリーエーネットワーク(1998)『みんなの日本語 初級Ⅰ　本冊』スリーエーネットワーク
スリーエーネットワーク(1998)『みんなの日本語 初級Ⅱ　本冊』スリーエーネットワーク
田尻由美子(2006)「インドネシアにおける言語活動―中部ジャワ地域を例とし地域に根ざした教材バンク作成に向けて―」『岡山大学言語学論叢』12号、岡山大学言語学研究会編
田尻由美子(2008)「実践女子大学留学生の言語活動―『話す』活動を中心に―」『実践女子大学外国語教育センターFLCジャーナル』3号、実践女子大学外国語教育研究センター
寺村秀夫「聴き取りにおける予測能力と文法的知識」『日本語学』1987年3月号、明治書院
野田尚史(編)(2005)『コミュニケーションのための日本語教育文法』くろしお出版
牧野成一(1987)「ACTFL言語能力基準とアメリカにおける日本語教育」『日本語教育』61

号、日本語教育学会
牧野成一(1991)「ACTFLの外国語能力基準およびそれに基づく会話能力テストの理念と問題」『世界の日本語教育』1号、国際交流基金日本語国際センター
牧野成一・鎌田修・山内博之・齊藤眞理子・荻原稚佳子・伊藤とく美・池﨑美代子・中島和子(2001)『ACTFL–OPI入門—日本語学習者の「話す力」を客観的に測る—』アルク
松崎寛(2005)「聞くための日本語教育文法」野田尚史(編)『コミュニケーションのための日本語教育文法』くろしお出版
矢澤真人(1998)「『へ』格と場所『に』格—明治期の『へ』格の使用頻度を中心に—」『文藝言語研究・言語篇』34巻、筑波大学文芸・言語学系
山内博之(2000)『ロールプレイで学ぶ中級から上級への日本語会話』アルク
山内博之(2003)「OPIデータの形態素解析—判定基準の客観化・簡易化に向けて—」『実践女子大学文学部紀要』45集、実践女子大学
山内博之(2004a)「言語活動の目録化と教材バンク作成の指針—ドイツVHSの学習者を例にして—」『南山大学国際教育センター紀要』4号、南山大学国際教育センター
山内博之(2004b)「語彙習得研究の方法—茶筌とNグラム統計—」『第二言語としての日本語の習得研究』7号、第二言語習得研究会
山内博之(2005a)「日本語教育における初級文法シラバスに関する一考察」『実践国文学』67号、実践女子大学内・実践国文学会
山内博之(2005b)「日本語教育における学習者の日本語」『国文学』2005年5月号、学燈社
山内博之(2005c)『OPIの考え方に基づいた日本語教授法—話す能力を高めるために—』ひつじ書房
山内博之(2005d)「話すための日本語教育文法」野田尚史(編)『コミュニケーションのための日本語教育文法』くろしお出版
山内博之(編)(2008)『日本語教育スタンダード試案　語彙』ひつじ書房
由井紀久子(2005)「日本語教育における『場面』の多義性」『無差』12号、京都外国語大学日本語学科
スティーブンD.クラッシェン・トレイシーD.テレル(藤森和子訳：1986)『ナチュラル・アプローチのすすめ』大修館書店
E. M. フォースター(米田一彦訳：1969)『新訳 小説とは何か』ダヴィッド社
Swender, Elvira. (ed.)(1999) *ACTFL Oral Proficiency Interview Tester Training Manual.* Yonkers, NY: ACTFL.(日本語翻訳版『ACTFL–OPI試験官養成用マニュアル』は、アルクに連絡すれば入手することができます。)

索　引

著者紹介

山内博之（やまうち　ひろゆき）

1962年愛知県生まれ。筑波大学にて経済学修士を取得。現在は、実践女子大学文学部国文学科教授。
著書に『ロールプレイで学ぶ中級から上級への日本語会話』（アルク、2000年）、『OPIの考え方に基づいた日本語教授法－話す能力を高めるために』（ひつじ書房、2005年）、『誰よりもキミが好き！－日本語力を磨く二義文クイズ』（アルク、2008年）がある。

プロフィシェンシーから見た日本語教育文法

発行	2009年4月10日　初版1刷
定価	2200円＋税
著者	© 山内博之
発行者	松本 功
装丁者	吉岡 透（ae）
印刷所	互恵印刷株式会社 株式会社シナノ
製本所	株式会社シナノ
発行所	株式会社ひつじ書房 〒112-0011　東京都文京区千石2-1-2 大和ビル2F Tel. 03-5319-4916 Fax. 03-5319-4917 郵便振替 00120-8-142852

造本には充分注意しておりますが、落丁・乱丁などがございましたら、
小社かお買い上げ書店にておとりかえいたします。
ご意見、ご感想など、小社までお寄せ下されば幸いです。
toiawase@hituzi.co.jp
http://www.hituzi.co.jp

ISBN978-4-89476-388-3 C3080